素描贺绿汀

牧童短笛获首奖歌颂
游击残敌颂嘉陵江上背
纤歌培育桃李出英才

辛卯春
李岚清

"百年巨匠"素描 / 李岚清 绘

《百年巨匠》编委会

百年巨匠

Century Masters

贺绿汀

王勇　邓姝 ◎ 著

文物出版社

图书在版编目（CIP）数据

贺绿汀 / 王勇, 邓姝著. -- 北京 : 文物出版社,
2023.7
（百年巨匠）
ISBN 978-7-5010-8113-4

Ⅰ.①贺… Ⅱ.①王… ②邓… Ⅲ.①贺绿汀（
1903-1999）—传记 Ⅳ.①K825.76

中国国家版本馆CIP数据核字(2023)第115640号

百年巨匠 · 贺绿汀

著　　者　王　勇　邓　姝

总 策 划　刘铁巍　杨京岛
责任编辑　陈博洋
封面设计　子　旗
责任印制　张　丽
责任校对　陈　婧

出版发行　文物出版社
社　　址　北京市东城区东直门内北小街2号楼
邮　　编　100007
网　　址　http://www.wenwu.com
制版印刷　天津图文方嘉印刷有限公司
经　　销　新华书店
开　　本　710mm×1000mm　1/16
印　　张　11
版　　次　2023年7月第1版
印　　次　2023年7月第1次印刷
书　　号　ISBN 978-7-5010-8113-4
定　　价　69.00元

宣传巨匠推广大师 为时代树立标杆

蔡武

文化部原部长 《百年巨匠》总顾问

文化精品创作工程包括重大出版工程、影视精品工程。《百年巨匠》就是跨界融合的一个重大文化工程，它深具创意，立意高远，选题准确、全面，极富特色，内容精彩纷呈，内涵博大精深，基本涵盖了我国20世纪这一特定历史时期在文学艺术方面的成就及其代表人物。它讲述的不仅仅是各位巨匠的传奇人生，更是他们的文学艺术成就同民族、国家，同历史、文化，同当代世界，同20世纪风云激荡的年代，以及同人民的命运都是紧密相连的。他们的成就对整个社会产生了重要而深远的影响。因此，立足21世纪的当今，系统全面科学解读巨匠人生与大师艺术，有着特殊而积极的意义，是社会和时代的要求。

作为一个有影响力的文化品牌，《百年巨匠》的表现形式也是多样的。《百年巨匠》丛书和纪录片互动互补，是出版界与影视界的跨界合作与融合发展，形成了叠加影响和联动效应，进一步丰富和扩大了品牌的内涵和外延。在信息社会"四屏"时代，用这样的一种方式来表达重大深刻的主题，具有重大的创新意义，是对中华优秀文化传承发展进行创造性转化、创新性发展的成功探索。体现出强烈的历史感、时代性、民族性，具有鲜明的中国特色，必将产生深远的影响。

一个民族自立于世界民族之林，离不开民族的自信心与自尊心。而民族的自信心和自尊心有其思想基础和人文轨迹，即对民族文化的重要代表人物和优秀传统应当有比较全面的了解并进行广泛传播。一个国家的历史需要记录，文化艺术同样如此。《百年巨匠》丛书秉承文献性、真实性、生动性原则，客观还原大师原貌，以更为宏阔的历史维度对大师们所经历的时代给予不同视角的再现和解读，为读者开启一扇连接20世纪中国近现代文化艺术史的大门。

巨匠们的艺术成就、人生经历、精神高度，彰显了中华民族文化在这个时代所能达到的高度，不仅有文学艺术上和文化史上的价值，而且有人文思想美学上的划时代性贡献。《百年巨匠》可以增强我们的文化自信和实现中华民族伟大复兴的意志。

《百年巨匠》还有一个重要意义，它能够激励我们后来人砥砺奋进，勇攀高峰。这些文化艺术巨匠有着深厚的爱国情怀和强烈的民族责任感，他们将个人荣辱兴衰与国家、民族命运联系起来，用文化艺术去改变现实，实现理想。在新旧道德剧烈冲撞中，他们所表现出来的高风亮节是后来人的楷模。他们所传导出的强大正能量，会激励一代又一代广大读者，对促进我们整个民族新一代的教育与成长，有着非常重要的启迪意义。他们的精神是引领和鼓舞我们再出发的航标与风帆。

《百年巨匠》也给了我们很多的启示，可以帮助我们回答和破解"钱学森之问"。20世纪产生了那么多的大师，新世纪、新时期我们应该如何助推产生出新的大师？这些巨匠的成长轨迹给我们揭示了大师们成长的规律，如要深具家国情怀，要胸怀高远理想；要深深扎根于人民，与人民同呼吸共命运；既继承民族优秀传统文化，又要勇于创新；并以非常包容的心态去拥抱一切文明成果等。

《百年巨匠》仅反映了20世纪百年的文化形态和人文生态，我们应该把这个事业延续下去，面向21世纪。对艺术大师的发掘是通过他们的作品来体现的，而他们的作品既是中华文化的传承，又进一步丰富、创新了中华文化的构成。从这个意义上讲，宣传这些艺术巨匠就是弘扬中华文化。这些艺术巨匠作为中国名片，拥有较强的国际影响力，这一工程的推进，可以有效推动中华文化和中国出版走出去。不仅仅局限于艺术领域，还可以从广度上、外延上扩大至整个文化领域，甚至把科技、教育等领域的巨匠们也挖掘展示出来。

一个国家文化事业的繁荣与发展，既需要广大艺术家的努力，也需要大师巨匠的引领。宣传巨匠，推广大师，为时代树立标杆，无疑是我们责无旁贷的历史责任。巨匠之所以是巨匠，大师之所以能成为大师，是因为他们以具有强烈时代感和创新精神的作品站在了巅峰。而他们巨作的背后，是令人钦佩的工匠精神，这种工匠精神的发掘和弘扬在当下具有重要的现实意义。同时，这百年的文学艺术史已有的众多成果，从学术上也要系统总结。而长期以来一直困扰我们的一大难题，就是如何把这些重要的学术研究成果进行转化和再创造，使之成为可被大众接受、雅俗共赏的精品佳作。从这个意义上讲，《百年巨匠》丛书的出版也是非常值得赞许的。

当前，我们的文化艺术事业虽然取得了长足的进步，但是相对于时代的重任，人民的厚望，尚有作品趋势跟风、原创性匮乏、模仿严重等问题，希冀大家在《百年巨匠》作品中得到更多的启迪和感悟。

我们国家正处在重要的历史时期，为我们文艺创作提供了丰沃的土壤和广阔的空间。中华民族的伟大复兴，呼唤一切有为的文艺工作者，为繁荣中国特色社会主义文化、建设社会主义文化强国，奉献毕生的才华和创作热情，将高度的社会责任感和历史使命感化作文艺创作的巨大动力，创作出无愧于时代、无愧于祖国和人民的优秀文艺作品，让我们这个时代的文艺创作异彩纷呈，光耀世界。

目　录

第一章　**贺绿汀生平**　　　　　　　　　　　王勇 / 1

奋发读书，走出大山　　　　　　　　　　　　　/ 2

红色洗礼，投身革命　　　　　　　　　　　　　/ 5

音专深造，"牧童"成名　　　　　　　　　　　　/ 7

烽火岁月，游击飞歌　　　　　　　　　　　　　/ 12

挂帅上音，倾力教育　　　　　　　　　　　　　/ 18

讴歌人民，一生奉献　　　　　　　　　　　　　/ 25

第二章　**贺绿汀的教育思想和教学实践**　　王勇 / 29

尊重知识和人才，建设高质量的教师队伍　　　　/ 30

优化办学条件，"软硬环境"两手抓　　　　　　　/ 40

建设民族音乐教育规范体系　　　　　　　　　　/ 45

逐步完成"一条龙"式教育体系建设　　　　　　　/ 57

开展高等院校理论研究工作　　　　　　　　　　/ 71

关注普及音乐美育　　　　　　　　　　　　　　/ 79

第三章　贺绿汀的音乐创作与代表作品　　　　　邓姝 /　87

　　音乐创作的前景　　　　　　　　　　　　　　　　/　88

　　乐坛新星　　　　　　　　　　　　　　　　　　　/　93

　　全国传唱　　　　　　　　　　　　　　　　　　　/　99

　　走上前线　　　　　　　　　　　　　　　　　　　/　105

　　此时无声胜有声　　　　　　　　　　　　　　　　/　110

　　自制提琴　　　　　　　　　　　　　　　　　　　/　115

第四章　贺绿汀民间音乐思想的历史回望　　　　邓姝 /　119

　　要继承民间音乐的遗产　　　　　　　　　　　　　/　120

　　建构中国音乐理论、创作、表演、教学体系　　　　/　140

　　向民间音乐学习的新视角　　　　　　　　　　　　/　150

尾声 / 162

参考书目 / 163

第一章　贺绿汀生平

　　从《牧童短笛》到《天涯歌女》，再到《游击队歌》，贺绿汀留下了传唱百年的经典音乐作品。然而，除了身为一位伟大的音乐家，取得了惊人的成就以外，他作为一位伟大的教育家，更是为中国的音乐教育事业做出了具有奠基性意义的巨大贡献。那种"春蚕到死丝方尽"的精神，正是贺绿汀博大教育情怀的真实写照，也是我们今天应该再一次回首注目和继承发扬的精神瑰宝。

奋发读书，走出大山

距离湖南省省会长沙200多公里的地方，有座叫作邵阳的历史古城。西周召伯，甘棠布政，春秋白善，垒土筑城，距今已有2500余年了。邵阳旧名宝庆，位于湘中而偏西南。自西汉置县，为郡为州为府，也算得是一方重镇。但由于地处内陆，对外交往相对不多，是一个经济不发达的地区。而距离宝庆县城45里地的小东乡罗浮岭马王塘村，则更是一个偏僻、闭塞的穷山村。

1903年7月20日，马王塘村54岁的农民贺生春家里，又添了一名男丁。刚生下来时这男婴居然没有哭声，打屁股也没有反应，最后找来一面铜锣，在孩子耳边猛敲几下，婴儿才哇地哭出声来。这孩子被取名贺抱真，谁会想到，这个被锣声震醒的农民儿子，就是日后在国内外颇有影响的音乐家、教育家贺绿汀。中年得子本是一件值得庆祝的事情，但是对于已经养育了三男两女的贺家而言，并没有什么特别的欣喜，父母只企盼着孩子不要夭亡，能够顺利地长大成人就心满意足了。贺生春是位典型的中国传统农民，从小没有上过学，识不了几个字，但种庄稼是行家里手，农闲时还会做些小买卖贴补家用，日子过得倒也实在。但他最大的梦想便是子女中能够出个读书人，以便荣宗耀祖。他对于孩子们的教育确实是颇费了一番苦心，而最终孩子们所取得的成绩，也一定是他始料未及的。

长子贺曼真，家里一直供其读到初师毕业，后来在县里的学校任教，并终身以教师为职业，成为当地颇有影响的一位教育工作者。次子贺聚真，继承父业，终生务农，为负担其余几位兄弟的学业做出了贡献。三子贺培真，曾就读于湖南第一师范，与毛泽东同窗五年，后与李维汉等去法国勤工俭学，很早便参加革命，是位职业革命家，1949年后历任贵阳市市长及贵州省政协副主席等职务。自然而然，他对于弟弟贺绿汀走上革命道路的影响是最大的。

童年时期，给贺绿汀留下最深刻印象的，不是妈妈的摇篮曲，而是父亲哼唱的祁阳地方戏。这种以锣鼓、胡琴为伴奏的清唱剧目，当地俗称"板凳戏"。乡中遇有喜庆事，父亲常被请去助兴；遇有亲友去世，为表示与死者诀别，则彻夜在死者停柩处唱祁剧，算是挽歌，歌声悠远哀伤。戏曲成了对幼年贺绿汀最初的音乐熏陶，这些质朴清新的民间音乐对他幼小的心灵产生了潜移默化的影响，以致注重民族风格在他日后的音乐创作与教育生涯中成了自觉的追求。

由于大哥贺曼真在县里教书，所以贺培真与贺绿汀便有了一个免费受教育的机会。家里从乡下给他带3斗米到学校搭伙，他在大哥任教的学校读小学。贺绿汀的学习成绩一度不甚理想，父亲就想送他到县里瓷器店当学徒，是由于母亲的求情，父亲才没有坚持。在此之后，贺绿汀对来之不易的学习机会倍加珍惜，学习甚为刻苦，成绩在班上也开始名列前茅。后来，在他担任上海音乐学院院长之时，还多次以自己的这段经历来教育学生们，一定要珍惜如今这么优越的学习环境与条件，勉励大家共同努力。

1917年，15岁的贺绿汀小学毕业，在大哥"工业救国"的思想影响下，投考了位于长沙、刚刚重组的湖南省立甲种工业学校机械科。临行前母亲煮好一锅米饭，拿上两个咸鸭蛋，就算作贺绿汀一路求学的口粮。少年贺绿汀花了一周时间，步行 450 里路，从马王塘来到了长沙。他一边当学徒，一边学习机械制图，日子当然辛苦有加，但他在繁忙的半工半读生活中，也找到了一个让自己放松的方式：当时三哥正在湖南第一师范读书，他经常去玩，听到了钢琴与小提琴的演奏，而且第一次看到了五线谱，他便借来三哥的音乐讲义阅读，渐渐发现，音乐对自己有着莫大的吸引力。

就读一年后，因为南北军阀混战，学校停课，只好辍学回乡。又过了一年，贺绿汀才插班考入宝庆县立中学。那时他在城里大哥家搭伙，课余帮大哥种菜做家务。1921 年中学毕业时，贺绿汀本想继续升学，但此时父亲已经年过七十，无力再负担学费；而他自己也意识到，年满十八，已到了该自立的年纪。于是，他效仿大哥，来到了本乡的仙槎小学当教员。这在当时只是个权宜之计，谁曾想，教育工作竟然在日后成了贺绿汀终身的职业。

教了一年半的书，省吃俭用已稍有积蓄，贺绿汀又萌生了上学的念头。1923 年春天，刚好长沙的岳云学校新设置的艺术专修科招生，他便去报考，并以第一名的成绩被录取。正是在岳云艺专的学习，使贺绿汀这个大山里走出来的孩子开始真正接触到专业的音乐教育。当时岳云艺专有很多从上海聘请来的老师，他们拥有新思想和新技术，其中，国文教师赵景深和音乐教师邱望湘，还有郑其年和陈啸空四位老师对于青年贺绿汀世界观的形成，产生了很大影响。在老师们的指导下，贺绿汀阅读了《通俗资本论》《共产主义ABC》，以及《向导》《新青年》等书刊。从中，他初步了解到马克思主义理论，为后来投身革命实践打下理论基础。

红色洗礼，投身革命

1924 年冬天，贺绿汀在岳云艺专以毕业考试第一名的成绩留校任教，担任中学部的音乐兼美术教师，同时还在共产党员何叔衡任校长的湘江中学兼课。1926 年，贺绿汀回到家乡邵阳继续任中小学音乐教师。9 月 5 日，英国军舰炮轰万县县城，造成千余所民房被毁，近千名群众遇害的"万县惨案"。中共宝庆地委发动县总工会、农会等群众团体数千人，和国民党宝庆县党部联合举行了声势浩大的反英抗议活动。贺绿汀积极响应，并带头放火烧了设于邵水河边的英国福记煤油公司的储油库。不久，他因此次事件表现突出被吸收加入中国共产党，并被派到县城东门外泥瓦工人党支部任支部书记，继而又代理宝庆县总工会宣传部长。1927 年初，邵阳农民运动展开，贺绿汀回到乡下参与组织农民运动。

1927 年 5 月 21 日，由军阀部队收编来的国民革命军第三十五军第三十三团团长许克祥在长沙发动"马日事变"，收缴工人纠察队的枪械，捕杀共产党员和革命群众。湖南陷入白色恐怖的笼罩之下，贺绿汀被迫逃亡。他先到武汉，再辗转至广州，与当时已在国民革命军第四军教导团团部工作的三哥贺培真取得联系，一起参加了广州起义。广州起义是继南昌起义、湘赣边界秋收起义之后，中国共产党领导的又一次震动全国的武装起义，是对国民党反动派进行的又一次积极而英勇的反击。贺绿汀跟随起义部队突围，加入了新组建的红四师，历经花县、从化、紫金，到达彭湃同志领导的海陆丰根据地，马上投身中共东江特委宣传部的工作。因为目睹当地群众高涨的革命热情，贺绿汀创作出了他的第一首歌曲，歌颂无产阶级武装夺取政权的革命战歌——《暴动歌》：兵工农，兵工农，起来大暴动！打土豪，分田地，革命大成功。旋律朗朗上口，词句通俗易懂，十分符合当时的革命氛围。这样于实践活动中有感而发的作品，在贺绿汀以后的音乐生涯中不胜枚举，正如邱望湘先生所说，贺绿汀是依靠"充实的生活"产生了"音符"。

1928年初，贺绿汀受党派遣，取道香港，来到上海，但迟迟未能与上海地下党取得联系。只好去南京，投奔在那里工作的侄子贺涤心，秘密居于信河府玄帝庙一处民房。3月，一次反动派来抓一位与他同住的族兄，因受到牵连，贺绿汀也被捕，关押进江宁地方法院看守所。两年的牢狱时光，贺绿汀没有坐等哀叹，他几乎把所有时间用于学习外语，让来探监的侄子给自己带了一本全英文版世界史，又向一位同狱的难友学习日语。他后来独自翻译西方音乐著作的英文功底就是那时打下来的。无论在什么地方，无论是什么条件，贺绿汀都不放弃学习和受教育的机会，因为他知道知识才是永远不会被剥夺的财富。1930年1月出狱后，贺绿汀前往上海。

音专深造，"牧童"成名

1930 年 2 月，贺绿汀在上海西门路西门里私立小学谋到一份工作，再次开始他的教育生涯。西门里小学的学生很少，所以贺绿汀经常是给一、二、三、四年级合班上课，这给教学带来了不少难度，不过也节约了课时，给了他更多的个人时间。这一年，他编写了《小朋友音乐》《小朋友歌剧》两本书，由北新书局出版，得到一笔稿费。有了钱，贺绿汀便又动起了继续学习的脑筋。1931年年初的一个晚上，贺绿汀去兰馨剧院听上海工部局乐团的演出，意外遇见了两位同乡好友吕骥与王人艺。此时吕骥已经在上海国立音专就读，知道贺绿汀喜欢音乐，就鼓动他和正随工部局乐师普渡世卡学习小提琴的王人艺一起去投考音专。两天之后，吕骥便为贺绿汀拿来了国立音专的招生简章和报名表，不久贺绿汀和王人艺一同考取了国立音专的选科班。贺绿汀选修了黄自教授的理论作曲，又先后师从国际著名的钢琴家鲍里斯·查哈罗夫与阿克萨可夫学钢琴。在音专的学习对贺绿汀来说无疑是继岳云艺专之后，音乐业务和文化艺术修养上一次更高的飞跃。他较为系统地学习了和声、对位、曲体、配器等专业作曲技术理论及音乐史等课程，提高了音乐理论与美学的修养。为了解决生活来源的问题，贺绿汀在求学的同时，又去一家私立小学兼任教师。这种以教养学的生活状况，一直持续到 1932 年音专由于"一·二八"事变停课为止。

1934 年，贺绿汀在上海国立音专

学习生活暂时停止了，但教师生涯却依然继续。贺绿汀经岳云艺专音乐教师陈啸空的介绍，来到了武汉，任教于私立武昌艺术专科学校音乐科，又兼任湖北省立师范学校及湖北省立甲种工业学校音乐教员。这是他第一次以音乐专业教师的身份任教，主要担任的是乐理课程的教学，著名的音乐家陆华柏、杨霜泉、栗仲侃等都在此时随他学习过。在此期间，贺绿汀完成了在上海国立音专学习时就已开始的翻译英国普劳特（E.Prout）所著《和声学理论与实用》一书的工作，这部译稿后来经过黄自的校阅，于1936 年 1 月由商务印书馆列为"世界名著"重点书目出版。这是中国第一部全面、完整、系统地介绍欧洲近代和声学理论的译著，出版后成为 20 世纪三四十年代我国音乐工作者的主要和声学读物。

1932 年 8 月，贺绿汀回到家乡湖南邵阳，和他在上海国立音专的同学姜瑞芝完婚。直到 1933 年秋，上海的战事相对平息一些了，贺绿汀再回到国立音专继续他的专业学习。可是到了 1934 年，贺绿汀的家中发生重大变故，父亲去世，家乡陷入饥荒，长期在经济上照应他的三哥生病失业。或许，正是应了"危机也意味着转机"这句话，此时困难中的贺绿汀也迎来了他生命中一个十分重要的机会。同年 5 月，俄罗斯著名钢琴家、作曲家齐尔品到中国上海举办"征求中国风味钢琴曲"比赛。贺绿汀抱着试一试的想法，创作了三首钢琴曲参赛，结果他的《牧童短笛》竟夺得唯一的一等奖,《摇篮曲》也获得名誉二等奖。富于中国民族音乐风情的《牧童短笛》使贺绿汀扬名乐坛,由此也可看出贺绿汀的创作从一开始就很好地把握了中西元素相结合的形式,开创

1932 年夏天,贺绿汀暑假回校与姜瑞芝结婚

了我国近现代原创音乐的成功范例。11 月 27 日在上海新亚酒店大礼堂举行的颁奖仪式上,贺绿汀当场演奏了自己的获奖作品,第二天上海的各大报纸也都报道了这一盛事。贺绿汀音专的同学丁善德,在自己的钢琴音乐会上屡次演奏这首出自中国人之手的作品,并在百代公司灌制了第一张《牧童短笛》的唱片,积极地推动了这首乐曲在听众中的传播。而极为欣赏贺绿汀才华的齐尔品,更是将《牧童短笛》带到了欧美国家,使中国作曲家的现代作品得以首次亮相国际舞台。夺得大奖之后,贺绿汀生平的第一篇音乐论文《音乐艺术的时代性》也发表了。其后,贺绿汀始终保持着音乐创作与音乐理论并重,终其一生。

同年冬,经聂耳介绍,贺绿汀进入明星影片公司从事电影配乐工作,后升任该公司制片部音乐科长兼作曲股长。此后的两三年里,贺绿汀为大量左翼电影担任配乐,平均每年要写 6 部电影音乐,共完成《风云儿女》《都市风光》《十字街头》《马路天使》等 17 部影片的作曲工作。而正是由于像贺绿汀这样专业的音乐人加盟电影产业,使电影配乐这一工作从我国首部有声音乐喜剧

1935 年，贺绿汀（后排左二）与同学江定仙、刘雪庵、刘己明、胡然等

片《都市风光》开始，不再只是采用现有乐曲完成配乐，而要邀请作曲家专门为电影创作新曲。这也是贺绿汀的一项历史贡献，他是我国专事电影音乐制作的先驱者之一。贺绿汀编配的电影歌曲《四季歌》《天涯歌女》《秋水伊人》等等，旋律优美动人，传唱

《牧童短笛》宣传资料

至今，也成就了一批荧幕女星，如周璇、龚秋霞等的代表曲目。贺绿汀还曾为上海业余实验话剧团的《复活》（田汉编剧）和《武则天》（宋之的编剧）两部话剧配乐，并创作了一些声乐作品。

1936 年初，贺绿汀参加音乐界的抗日统一战线组织——歌曲作者协会，除创作了《谁说我们年纪小》《心头恨》等救亡歌曲以外，他还定期为

1934 年 11 月,《牧童短笛》获奖合影

1936 年, 贺绿汀 (左三) 与明星影片公司音乐科同仁合影

协会成员周巍峙、孙慎、麦新、孟波等讲授和声理论, 传播音乐专业知识。

可以说, 从 1934 年开始, 贺绿汀这个名字就如一颗新星升起在中国乐坛。

烽火岁月，游击飞歌

1937年"八一三"事变以后，爆发了淞沪抗战。贺绿汀响应周恩来的号召，于8月21日晚，与宋之的、王苹、欧阳山尊、丁里、崔嵬等一行十多人组织了上海文化界救亡演剧一队。他们辗转南京、武汉、开封、郑州、洛阳、西安等地，编排演出抗日戏剧及歌曲。同年11月，演剧一队来到晋南重镇临汾以西的刘庄八路军办事处。办事处主任彭雪枫非常热情地接待了演剧一队的成员，安排他们学习论游击战争的战略战术文件，听取在敌后开展游击战的形势报告，去炮兵团参观访问。

热火朝天的革命生活，让贺绿汀的创作热情节节高涨，他把所见、所闻、所想化作了音乐创作。著名的《游击队歌》就是这个时期极具代表性的成功作品。贺绿汀几乎只用了一个晚上，就在老乡家土炕的油灯下，完成了这首歌的词曲创作。1938年元旦，八路军总部在山西洪洞高庄举行高级将领会议期间，贺绿汀亲自指挥演剧一队以"献给八路军全体将士"的名义首次演唱了《游击队歌》，并由欧阳山尊吹口哨伴奏。富有节律的哨音伴着铿锵有力的歌声，扑入战士们耳畔："我们都是神枪手，每一颗子弹消灭一个敌人，我们都是飞行军，哪怕那山高水又深……我们生长在这里，每一寸土地都是我们自己的，无论谁要强占去，我们就和他拼到底！"演出获得极大成功，在座的朱德、任弼时、刘伯承、徐向前、贺龙等高级将领都对其进行了高度评价。这首《游击

队歌》也随之飞遍了祖国大好河
山，激励着中华儿女奋勇杀敌，
共同抵抗外来侵略者的暴行。经
过半个多世纪的传唱，它早已成
为中国现代音乐史上影响深远的
不朽名作之一。

除了《游击队歌》，这段时
间里，贺绿汀还创作了《干一
场》和《日本的兄弟哟！》两首
作品。《干一场》歌词直白，通
俗易懂，是号召农民兄弟们一起

《游击队歌》合唱谱

拿上刀枪上战场；《日本的兄弟哟！》是一首日语歌，贺绿汀用以
前在牢狱中学得的基础日语创作了这首歌，是唱给日军中有良知
的兄弟们听的，词句中表达了战争并不是日本人民本来愿望的含
义，希望日本士兵明白事理，放下屠刀，和中国人民一起抵制这场
侵略战争。

1938 年 5 月，贺绿汀来到武汉任中国电影制片厂"中国合唱
团"总干事。此时汉口的抗日爱国宣传工作，在政治部第三厅厅
长郭沫若的领导下，卓有成效地开展着。其中，由原汉口摄影场
改组而来的中国电影制片厂，相继成立"中制乐队"和"中国合
唱团"。贺绿汀创作的《保家乡》，成为中国电影制片厂摄制的音
乐卡通片的主要配乐歌曲。该片在国内各大城市、农村放映时，
反响热烈，甚至影响远达海外：在苏联有 40 多部拷贝轮流放映，
美国旧金山等大城市也放映了此片。

8 月，贺绿汀随厂内迁重庆，后在中央电台音乐组任职。1939

年 9 月，一向热心教育事业的贺绿汀，应邀到我国第一所从小培养音乐人才的教育机构——陶行知创办的育才学校音乐组担任主任一职。学校位于离市区几十公里的古圣寺，但贺绿汀不计条件地一头扎入了那里的难童音乐启蒙教育，亲自为他们编写实用的音乐课教材，指挥他们合唱等等。

重庆时期，贺绿汀仍然保持着旺盛的音乐创作激情，他的作品风格样式更加多样化，艺术内涵也更为深厚。借鉴西洋歌剧咏叹调创作的歌曲《嘉陵江上》、无伴奏合唱《垦春泥》、民谣风格的抒情歌《阿侬曲》、混声合唱《胜利进行曲》（之二）、新笛与扬琴合奏曲《幽思》以及管弦乐曲《晚会》等等，作品在质与量上都十分惊人。贺绿汀还为《中华儿女》（沈西苓编导）、《胜利进行曲》（田汉编剧）、《青年中国》（阳翰笙编剧）等影片谱写了电影音乐。应该说，这些作品缔造了贺绿汀在音乐创作上的又一高峰。贺绿汀在创作时，既做到了"洋为中用"，又不忘"古为今用"，西洋音乐系统理论和中国民族音乐元素在他那里完全融合。这一条"西洋""民族"两手握的音乐道路贯穿贺绿汀一生，在后来的音乐教育实践中，他也是这样要求他的学生们的。

1941 年 1 月，发生了震惊中外的皖南事变，为了更好地保护贺绿汀，党决定安排他绕道前往延安。贺绿汀就此挥别了深爱的学校和孩子们，和戏剧家沙蒙、舒强结伴，经贵阳、金城江、柳州到桂林，从湛江乘坐"大宝石"号海轮到香港，再从香港乘船赴上海。短暂停留上海的日子，贺绿汀唯一念念不忘的是他的老师黄自先生的遗孀汪颐年女士。由于局势紧张，贺绿汀只能在一个晚上化了妆去拜见黄师母，还从自己为数不多的旅费中拿出了 100元钱，作为对寡居上海的师母的一点补贴和心意，这种尊师重道的品行在点滴细节中一览无余。

1941 年 6 月下旬，贺绿汀终于抵达盐城新四军军部。军部首长接见了贺绿汀，并安排他去华中鲁迅艺术学院音乐系任教。由于侵华日军发动了"七月大扫荡"，华中鲁艺损失惨重，贺绿汀主动请缨，要求暂缓去延安，留下来在新四军军部直属的鲁艺工作团开办音乐干部训练班。自此，贺绿汀又满腔热情地投入教学工作，让绝大多数还是"音盲"的学员从最基础的视唱练耳开始学起，直到循序渐进地掌握多声部合唱。同时还讲授作曲技术理论，没有教材，他就亲自编写《和声学》和供视唱练耳用的短歌等。1941 年底，贺绿汀创作了可以作为教学示范用的大型合唱《1942年前奏曲》(后名《新世纪的前奏》)，主题是歌颂世界人民联合起来进行的伟大的反法西斯战争。这首歌事实上涵盖了和声、曲体、对位等各种写作技巧，为学员们能够更好地实践所学提供了一个范本。

"音训班"的工作结束后，1942 年 3 月，贺绿汀先后应邀去彭雪枫领导的新四军 4 师、罗炳辉领导的 2 师进行艺术指导及教学活动。他带着自己的小提琴给大家示范演奏，将音乐纯净的感染力播撒进战士们心中。贺绿汀的"战地音乐讲学"影响到了很多人，让根据地的军民在一边战斗一边生产之余，还懂得了要追求更健康的、更丰富的精神生活。著名作曲家吕其明，当时就是因为听了贺绿汀的音乐课，从此在心中"播下了音乐的种子"。

尽管条件异常艰苦，但从事着教育事业，传播着音乐魅力的贺绿汀是充实而快乐的。他还积极到淮南区党委领导的"淮南艺专"和"大众剧团"讲课辅导，直到 1943 年 2 月，贺绿汀才踏上奔赴延安的旅程。为了通过沿途一道道的关卡，他蓄起了八字胡，

1943年4月，贺绿汀从苏北新四军赴延安前特意留胡须，乔扮通过敌占区

装扮成商人模样，经过半年的辗转，于7月14日到达延安以东的桥儿沟鲁迅艺术文学院。刘少奇和邓颖超亲自为他接风洗尘，安排住处。不久经周扬同志安排，贺绿汀于王家坪的一次晚会上见到了毛主席。当得知贺绿汀就是著名的《游击队歌》的作者时，毛主席亲切地对他说："你为人民做了好事，人民是不会忘记你的！"

随后，延安警备司令、三五九旅旅长王震同志邀请贺绿汀到南泥湾采风。看到那里生气勃勃的景象后，贺绿汀的创作热情又被点燃了。1944年秋，陕甘宁晋绥五省联防军政治部宣传部长萧向荣把贺绿汀借调到了该军政治部宣传队。贺绿汀在这个战斗集体找到了自己的岗位，他和战士们亲如一家，参与各种生产实践，积极向大家传播音乐知识，还常常利用闲暇时光用小提琴进行风格各异的独奏演出，丰富军民娱乐生活。短短的两年时间里，贺绿汀一共创作出了四部以描述边区军民斗争生活和新型官兵关系为主题的歌舞剧：《烧炭英雄张德胜》（荒草编剧）、《徐海水锄奸》（翟强编剧）、《打松沟》（李文华编剧）以及参与音乐创作的《军民互助》（王焰编剧）。除此而外，他为话剧《沁源围困》创作的《山中新生》《胜利进行曲》两段配乐，后来发展为独立的管弦乐曲；根据同名山歌《东方红》改编的大合唱，作为联政宣传队向党的七大献礼的节目，为代表们首演；而根据少数民族歌曲《森吉德马》改编而成的同名管弦乐曲，以

1946 年，贺绿汀与家人在延安

及《晚会》，都成为中国管弦乐小品的典范之作。

　　1946 年 3 月，贺绿汀担任了中央党校文艺工作研究室音乐组长，随后筹建了中央管弦乐团，担任团长兼合唱队长，但不久却因严重的肺病住进了中央医院。在病中，贺绿汀仍然为晋冀鲁豫分区土地会议上演出的话剧《解放了的堂吉诃德》谱写了序曲。1948 年 7 月 1 日，中央管弦乐团与中央党校文工团合并，更名为华北人民文工团，由李伯钊任团长，贺绿汀任副团长。尽管身体状况不好，贺绿汀仍坚持笔耕不辍，在此期间为多部新闻纪录片配乐，并为华北联合大学写了校歌《新中国的青年》（朱子奇作词），还翻译了俄罗斯作曲家里姆斯基·科萨科夫的《管弦乐法原理》一书。

挂帅上音，倾力教育

三年解放战争期间，贺绿汀几乎一直和肺病作着斗争，情形渐好。北京和平解放后，他于1949年2月担任了北平师大音乐系主任和筹建中的国立音乐院（中央音乐学院前身）副院长。9月，作为中国人民解放军总部候补代表，贺绿汀参加了第一届中国人民政治协商会议，并被选为全国文联常务理事及中国音协副主席。会议期间，贺绿汀亲自指挥原中央管弦乐团乐队为与会代表演出了《晚会》《森吉德马》等6首管弦乐曲，党和国家领导人出席了此次活动。

10月，贺绿汀被任命为上海音乐学院（当时名为国立音乐院上海分院）院长。在经历了战争岁月的风云动荡以后，贺绿汀又回到了他的母校，并且从一个求学少年，成长为要接掌门楣的大音乐家、教育家。他自己在

1949年4月，贺绿汀与夫人姜瑞芝在北京

《六十年的回顾》一文里写道："解放以后，我奉命负责上海音乐学院工作……当时我有权，但这个权是国家和人民给的，必须向国家和人民负责。我的方针就是依靠教师和同学办学，凡事都经过大家商量，根据当时国内音乐界的实际情况充分发挥学校的力量，做出实际可行的贡献。"

上任以后，他首先想到的是丰富师资力量。

1949年10月，贺绿汀任国立音乐院上海分院院长

贺绿汀运用自己的广泛号召力，亲自写信联系，从国内外请来一批自身素养非常高的专家学者担任教师。1950年，他主张开办少年班，后来发展为学院的附中和附小，形成了大、中、小学"一条龙"式的教学体系。经他四处呼吁，在上海市委、市政府和陈毅市长的殷切关怀下，上音校址从江湾五角场，搬到了漕河泾，最后落户市中心的汾阳路，这为学生的艺术实践提供了便利的地理位置。此外，贺绿汀十分重视音乐研究工作，成立了音乐研究室，翻译和引进大量国际上先进的技术理论，充实师生学习和研究的资料库。1952年，建立了民族音乐研究室。1958年创立民族音乐系，开设民族音乐理论、民族音乐指导（民乐指挥）和民族器乐3个专业，

1959 年，上音附小首届毕业生合影

从此民族音乐在我国高等音乐教育中占有了重要地位。

为提高部队和地方的音乐干部水平，1949 至 1951 连续三年，贺绿汀指导开办了"音乐教育专修班"，从 1953 年起改设二或三年制的"音乐干部进修班"。1956 年又增办少数民族班，培养我国偏远地区民族歌手和各民族音乐工作者。才旦卓玛、热比亚、阿旺、莫尔吉夫等都是少数民族班的毕业生。

中华人民共和国成立以后，贺绿汀在担任上海音乐学院院长的同时，还兼任多种社会职务，并作为音乐活动家屡次出国访问。1952 年，他与郭沫若等人作为中国代表团团员出席在维也纳举行的第三世界人民保卫和平大会；1953 年 5 月、1957 年 3 月、1962 年 5 月，他率团三次参加"布拉格之春"国际音乐节；1954 年担任华东音乐家协会（后改称中国音协上海分会）主席，同年当选

1953年1月在维也纳，贺绿汀（右一）与肖斯塔科维奇（右二）等苏联、朝鲜作曲家

为第一届全国人大代表；1956年当选为中共八大代表；1957年率团参加苏联作曲家第二次全国代表大会，访问了列宁格勒和基辅，并应邀到苏联作曲家肖斯塔科维奇家作客；1958年被提名为全国政协委员；1959年受聘为《辞海》编委兼音乐分支主编；1962年当选为上海市文联副主席，同年再次率团参加苏联作曲家第三次全国代表大会，并担任第二届"柴可夫斯基国际音乐比赛"钢琴评委。我国钢琴家殷承宗参加了这次比赛，并获得奖项。

1949年至1966年，由于大量的教学工作和社会活动，就贺绿汀的创作方面而言，数量有所减少，但亦有不少优秀作品问世。例如：大合唱《十三陵水库》、无伴奏合

1953年10月，贺绿汀（右一）在天安门城楼与梅兰芳

1953 年，中央音乐学院华东分院选举（左起依次为贺绿汀、向隅、谭抒真）

唱《我的心上开了一朵玫瑰花》、独唱《慰问信飞满天》和《卜算子·咏梅》、齐唱《英雄的五月》、民歌编曲《绣出河山一片春》、小提琴曲《百灵鸟》以及电影插曲《不渡黄河誓不休》等。

而在音乐理论以及音乐批评领域，贺绿汀论著颇丰，主要撰写了《关于"洋嗓子"问题》《我对戏曲音乐改革工作的意见》《论音乐的创作与批评》《民族音乐问题》《中国音阶及民族调式问题》《音乐美学和其他》《新歌剧问题》《关于音乐教育的一封

1954 年 5 月，华东音乐家协会第一次理事会合影

1962 年 4 月，贺绿汀（中）出席莫斯科柴可夫斯基音乐比赛任评委，与肖斯塔科维奇（右）合影

1962 年 6 月，贺绿汀在莫斯科参加苏联第三次作代会，与卡巴列夫斯基合影

信》等重要文章。其中，作于 1953 年 9 月的《论音乐的创作与批评》，竟在全国范围之内掀起了一场风波。由于贺绿汀在文章中直指当时创作上的公式化、口号化，反对处处拿阶级定性的"大帽子"批评音乐作品，而被论定为是"音乐界的胡风"。这场全国性的大批判持续了半年之久，直到毛泽东同志发表了《同音乐工作者的谈话》，才暂告平息。陈毅同志曾就这场错误批判，明确表态："批判贺的做法，不是党内正常的作法，不好，有宗派情绪，造

1958 年秋在，贺绿汀在北京十三陵水库工地上
创作《十三陵水库大合唱》

成思想混乱。党应该有计划地培养几个音乐家，这没有什么不好。不应该提倡个人崇拜，但是更不应该损害人家。应该团结起来，为了共同搞好党的音乐事业，用自我批评的精神来解决问题。"可是，在一年后的政治运动中，贺绿汀还是失去了主持工作的权力。

　　尽管贺绿汀当时的处境十分艰难，可是这位誓要维护心中真理的铮铮硬汉却从不妥协求全。贺绿汀的人格精神从未被打垮，他坚信只要好好活着，总有让他开口道出事实真相的一天。他还针对批判他的文章，逐一加以剖析，写成《我的第一张大字报》，并把它张贴在批判栏里。如此应对，自然导致对他的斗争升级。虽然贺绿汀用自己的言行坚持不懈地抗争，但是他的亲属，甚至连上音的学生都被株连进来。直至1973年初，贺绿汀的三哥贺培真去往北京专程求见了毛主席后，贺绿汀才被释放出狱，结束了五年的牢狱之灾。灾难不但没有使这位"硬骨头音乐家"倒下，反而为贺绿汀赢得了"中国乐坛不倒的旗帜"之美誉。

讴歌人民，一生奉献

1979 年 1 月，文化部再次任命贺绿汀为上海音乐学院院长。76 岁高龄的贺绿汀马上全身心投入到了他所热爱的音乐教育工作中，为让上音再次焕发出一方名校的光彩而日夜操劳。因部分操场和校舍被别的单位占去，年逾古稀的老人亲自撰写材料以求归还，当时还没有复印机，他就自备复写纸不断抄写。在他的呼吁下，上音重视民族音乐学习的传统得以延续，他一手主持成立了上海音乐学院民族音乐抢救小组，有计划地为民间艺人、民歌手、曲艺名家、民族器乐演奏家等的表演录音录像，整理出一批弥足珍贵的历史资料画面，为挽救部分濒临绝迹的民族音乐种类及形式做出了极大贡献。贺绿汀十分关心全民普及美育的工作，把提高全国中小学音乐教师的工作环境和生活待遇挂在心上，发表了《关于音乐理论问题》《关于音乐文化建设问题》《中国现代音乐文化发展的回顾》《对目前音乐教育的设想和建议》《关于艺术教育的规划与体制改革的意见》等讲话和文章。不仅如此，他自 1984 年退居二线、担任名誉院长之后，还亲自去吉林、辽宁、新疆、贵州、云南、四川、福建、安徽等地，会见当地音乐工作者，并与中、小学音乐教师座谈，还沿路寻访民间艺人，足迹踏遍祖国的山山水水。

在忙于整顿校务的同时，贺绿汀并未停止音乐创作，陆续有大合唱《上海第三次武装起义》、独唱《韶山银河》、《蝶恋花·答

1978 年 9 月，文化部恢复贺绿汀（右二）院长的工作

李淑一》等作品发表，还为电影《曙光》谱写了音乐。在音乐理论方面，他先后发表了《姚文痞与德彪西》《两点看法》《闲话"学院派"》《关于演外国歌剧的问题》《不要"造神"——纪念聂耳、冼星海有感》《文汇报创刊 50 周年感想》《文艺的严肃职责》《怎样建设我国现代音乐文化》《六十年的回顾》《在全国音乐思想座谈会上的书面发言》等闪耀真知灼见的文章。在第四次全国音代会开幕式上，贺绿汀以《吸取严重教训，发展社会主义音乐文化》为题致辞，得到与会代表们的全力拥护，出现掌声几度打断致辞的热烈场面。自 1979 年开始，他已发表各类文章约 60 篇，出版了两本论文集，8 卷本的《贺绿汀全集》业已编纂出版。

1979 年 4 月，贺绿汀声乐作品音乐会首演后

1978 年以来，贺绿汀还历任全国政协

1995 年 12 月 5 日，日本大森是由管乐团来华访问，并交流演出

第五、六届常委，中国文联副主席、名誉委员，中国音协副主席，国家教委艺教委员会顾问，中国音协和上海音协名誉主席，国际音理会（IMC）终身名誉会员等职。1980 年 9 月，他率领中国文联代表团赴乌鲁木齐参加新疆维吾尔自治区成立 30 周年的庆典活动；1989 年 9 月，他

1979 年 12 月，贺绿汀（右）授予斯义桂（中）名誉教授证书

1979 年 9 月，贺绿汀（二排右一）赴澳大利亚参加国际音理年会

1985 年 5 月，中国音协第四次代表大会，贺绿汀当选名誉主席

又率领中国音乐家代表团赴澳大利亚悉尼参加国际音乐理事会第18 届年会，在会上我国被接纳为该国际组织成员国。1993 年第20 届年会上，贺绿汀当选为国际音乐理事会终身荣誉会员，也是我国第一位获此殊荣的音乐家。

　　1993 年 7 月 15 日，时任中共中央总书记的江泽民同志，亲笔为贺绿汀题词"谱写生活的强音，讴歌人民的事业"，以此祝贺他从事音乐工作 70 周年。1999 年，伟大的音乐家、教育家贺绿汀因病逝世，留给后人无限的遗憾，但他用一生谱写出的传奇乐章将一直回荡在我们心中，激励着我们与时俱进地开创灿烂未来！

晚年贺绿汀

第二章 | 贺绿汀的教育思想和教学实践

贺绿汀的教育思想是他一生教学实践的总结和提升，体系全面，跨越各个时代。他有针对性地提出了教育界不同的问题和具体解决方案，注重实际效用，极富操作性和指导性。与时俱进地研究、吸纳老一辈教育家的光辉思想，正是对当下教育工作者所提出的要求和任务。因此，本章将从六个方面梳理和展现贺绿汀的音乐教学实践工作与音乐教育理论成就。

尊重知识和人才，建设高质量的教师队伍

作为 20 世纪最杰出的教育家之一，贺绿汀对中国音乐教育的贡献居功至伟，对于上海音乐学院这座国际性的音乐教育圣殿更是有着"父子情缘"一般的紧密关系和深厚感情。纵观贺绿汀的一生，是音乐创作、理论研究的一生，更是投身教育事业的一生。

贺绿汀的教学实践是全方位的，是继承与发展的。就个人的教学经历而言，他自小就从担任教师工作的哥哥那里学到了"以教养学"，也就是在求学深造阶段就通过担任小学教员等实践工作来获得经济收入，以支撑学业费用。因此，可以说在贺绿汀展开专业的音乐创作和理论研究以前，他就已经首先踏入教育领域，并且他所从事的音乐教育在很大程度上催生了他的音乐创作，深化了他的理论研究。就中华人民共和国成立以后所建立的上海音乐学院的发展轨迹而言，贺绿汀继承了他的师长，上海国立音乐学院的创建人萧友梅、黄自等大师级人物的治学理念与方法——除了音乐学术理论方面以外，也把大量的精力投注在了普及社会音乐教育以及筹建学堂之上，在为我国培养出了大批音乐专门人才的同时，力图从根本上提高我国民众的音乐素养，尽最大的努力去传授和普及音乐文化。

如何建立一支稳定的优秀教师队伍，始终是贺绿汀五十多年音乐教育生涯里的重中之重。因为贺绿汀从自己的求学经历中，

深深地体会到"没有名师,哪有高徒"的道理。贺绿汀本人的求学,就曾幸运地得到过许多优秀教师的关怀与培养。这些老师,不仅启蒙了贺绿汀对于知识的向往,还为他树立了人生的道德范本和远大志向。他时常提起1923年在长沙岳云艺术专科学校学习时音乐教师邱望湘先生的教诲:"学音乐,不能光凭兴趣,必须学规则;而等你以后创作音乐时,则要忘记规则。规则,可以帮助你严密地排列组合音符;而要产生音符,则要靠你充实的生活来源。"这句话,一直被贺绿汀牢记心中,亦成为贺绿汀日后音乐创作实践的座右铭。进入上海国立音专学习后,他随黄自教授系统地学习了和声、对位、曲体、配器等专业作曲技术理论及音乐史等课程,又先后师从国际著名的钢琴家鲍里斯·查哈罗夫与阿克萨可夫学钢琴。他明白,没有这些老师的辛苦的教学,也就不会有《牧童短笛》的问世。

这些经历,都使贺绿汀能够感同身受地深刻理解一位良师对于教育事业的重大作用。早在20世纪30年代,他就深为担心师资现状:

> 音乐教育界,虽然有少数学校尚有些良好的教授,然大多数都是为一些不学无术的人所盘踞,把持操纵,垄断一切。不惟徒耗国家、社会如许金钱,且空费整批学生数年的光阴,待等到学生混得一张文凭,再回到各处又去误人子弟。

贺绿汀还常把过去创办上海国立音专的前辈萧友梅为学校广为招贤的事例挂在嘴边,对于萧友梅"聘请当时在上海的第一流的中外音乐家任教,把教学质量放在首位"的做法大为推崇。"所以当时学校的规模虽很小,物质条件也很差,但是水平却并不低于当时欧洲的音乐学院。"

中华人民共和国成立以后，当贺绿汀以教育家的身份回到母校上海音乐学院（前身即为上海国立音专）担任院长之时，他看到的是历经战乱，人丁涣散，只剩下二十多位教师的昔日名校，但这并没有动摇他要重新建设中国首个高等音乐学府的信心。他知道，只要有了好的师资，上海音乐学院的复兴并不遥远。他迅即全面投入招聘教师的工作。

其一，留聘、增聘外籍教授任教。由于当时中华人民共和国成立不久，许多外籍人士的政治立场不够明确，所以不少高校在聘请外籍教师的问题上都举棋不定，生怕承担政治风险，但贺绿汀一直认为，只要是对中国音乐文化做过有益工作的音乐人才，就应该肯定他们的历史功绩，尊重他们的真才实学。当年的上海国立音专，"虽然是在旧社会中成长起来的，但毕竟对中国音乐文化是有贡献的"。所以不应以"新旧"或者是成分来划分人才圈子，更不应该把国立音专作为"古典主义的学院派"来"打倒"。如今正是亟需专业音乐人才的时候，作为上海音乐学院一院之长，贺绿汀向天下贤能敞开胸怀。他坚持必须要"聘请世界第一流的作曲家、演奏家和歌唱家作教授，尽量培植中国新的音乐人才，那才能使中国音乐界前途无量"！在经过一番斟酌之后，校务委员会聘请了苏石林（V.Schushlin）、富华（A.Foa）等9位外籍人士任教。

其二，增加兼职教师队伍。上海当时有一些专业音乐团体，也有业余的私人艺校以及一些在家授课的自由职业音乐老师，他们当中不乏一些优秀的音乐教育人才。吸引他们来音乐学院兼课任教是救急之法，也是贺绿汀运用自身广泛的号召力积极联络的结果。例如当时音乐学院只有两位小提琴专职教师，贺绿汀打听到他的儿时玩伴，小提琴家王人艺正任职上海交响乐团。几经动员，王人艺不仅答应前来兼课，最终还同意调任音乐学院成为专职教师。

其三，招聘年轻力量充实教师队伍。聘任毕业生留校任教，甚至是没有毕业的学生，可以用边学习边工作的方式任教，例如著名的作曲家陈铭志就是那个时期以研究生名义参加学院研究室工作的。

其四，积极招募在海外生活、留学的音乐家回国任教。例如旅美钢琴家夏国琼回国探母，贺绿汀利用这个机会争取她留校任教。他此时求贤若渴的心情，从当时他写给高等教育部留学生管理司艾司长的一封信中就可见一斑："我院因学生人数增加，缺少钢琴教授。兹有我院校友夏国琼同志新近从美国回来……希望留沪在我院工作……我院当然求之不得。因特专函前来，将此情况汇报，供您参考，可能时望予以考虑。敬恳予以照顾为感。"

在贺绿汀的大力奔走下，至1956年上海音乐学院已基本形成了一支学科面广、阵容较强的教师队伍，拥有丁善德、邓尔敬、钱仁康、李翠贞、范继森、李嘉禄、吴乐懿、周小燕、蔡绍序、高芝兰、谭抒真、陈又新、朱起东、沈知白、卫仲乐、陆修棠、杨嘉仁、马革顺等等全国一流的专家教授。在这一批教学的精英人才中，有的是以前上海国立音专毕业后从事教育工作多年的老教授，有的是专程从国外留学归来的老专家，还有的是1949年后新培养出的青年骨干。贺绿汀充分相信全体教职员工，团结各种力量，使上音焕发出了勃勃生机。他在1954年6月举行的华东音乐家协会成立大会上发表了题为《团结一致，努力于音乐实践，在总路线的灯塔照耀下前进》的讲话。他指出：

华东，特别是上海，在音乐教育方面是有它光荣的历史的，我国相当大一部分音乐家都是在上海培养出来的。

中华人民共和国成立以后，华东仍旧是一个培养音乐人才的重要地区。教师们无论在教学态度、教学内容与方法上都有了很大的改进，学生的数量与质量，也已远远超过国民党统治时期。这一切成就，都是与在座的诸位音乐教育家分不开的。

新社会带来了我们音乐教育家之间空前的团结，大家为着一个目标努力教学，教学研究组织也发挥了一定的集体的力量。

教师之间不但要共同研究、相互学习，还要能够互相督促、鼓励，只有这样，才能提高我们教学工作的效率，从而使我们整个音乐文化的水平不断提高。

尽管此时上海音乐学院的教师班底已经颇具规模，与他初接手时完全不可同日而语，但贺绿汀并没有满足现状，他经常给文化部的领导去函，希望在师资方面得到上级主管单位更多的支持与帮助。

1956年5月29日，在致文化部刘芝明、周扬两位副部长的信中，贺绿汀明确表达了要持续充实上海音乐学院师资队伍，还需要从三个方面着手。

一是保证本校优秀毕业生能够留校任教。他在信中说，目前"管弦系小提琴主要专任教师仅3人，而学生已达80人，估计下半年还要增加。过去我们依靠上海交响乐团团员兼课很不方便，因此必须把本届毕业生李牧真留下做助教。闻他已被分配到文化部工作，请无论如何允许我们留下来"。

二是要多多聘请外国专家莅临指导。"我院师生近年来经常参加各种国际音乐活动，是文化部所属艺术院校中历史最久、学

生人数最多的学校，教师也有一定的水平。但由于缺少外国专家的指导，许多有才能的学生得不到应有的发展，教师的教学水平也提高得很慢，这对国家来说无疑是个大损失！""我认为对专家的合理聘请与合理分配使用以充分发挥专家的作用，文化部应该有个全盘的计划，而且在制订计划时应认真考虑各直属艺术院校的意见。"

三是必须从制度上保证留任高素质教师。贺绿汀大胆坦言："目前，文化部所属艺术院校的国家考试制度尚未建立起来，各校（甚至同一学校）毕业生的水平相差很远，教师之间的教学水平也相差很远。教师应如何升级也没有一定的标准。教师一进学校就是铁饭碗，工作不称职的，学校也没有办法辞退。不但如此，往往有些我们不需要的人，上级有关部门却一定要我们接受安插工作。这样一来，学校就变成照顾机关，教学质量也因此受到严重影响。

1956 年 9 月，苏联小提琴家奥依斯特拉赫来访

我希望国家对学校的管理工作制度、考试和考核制度以及学术委员会的制度等，都应该尽快建立起来。这是刻不容缓的事。"

　　贺绿汀在 1962 年 11 月致文化部副部长林默涵的信中，再次强调了国内音乐院校的发展需要外国专家的问题："我院过去十余年来在教学水平上之所以有所提高，固然首先是由于根据党对知识分子的政策，团结教育本国教师，提高了他们的觉

1961 年 10 月，贺绿汀接待比利时皇太后

悟，发挥了他们的作用。但是与这几年从兄弟国家陆续聘请来的专家在教学上的具体帮助、指导，也大有关系。""争取一部分兄弟国家的专家来帮助国内各音乐院校加强教学工作，从长远的利益来看，对于我们自己的音乐人才的建设，是大有好处的。"

贺绿汀不仅为聘请名师花费了大量心血，在组织好了上音的高水平教师班底以后，更是从生活上和事业上时时处处地关心他们，尊重他们，了解他们的想法和需要。著名的钢琴家、音乐教育家李翠贞在回到上音任教以后，曾因气喘病不宜在气候潮湿的上海工作而一度辞去教职，回香港与家人团聚。贺绿汀为此感到非常遗憾，多次写信动员李翠贞能够再度回校任教。1957 年 11 月 17 日，贺绿汀在信中写道，"大家更关心你的心境及生活情况，尤望特别注意自己的身体。学校及你的同事、学生都切望你能早日回来"，"不过根据你的身体情况，通常是上海的冬季对你不宜。我们考虑，如果你觉得有必要，可推迟至 3 月底回来"。字字句句可见贺绿汀对于杰出的音乐人才是多么看重，对于优秀的音乐教师是多么体恤。正是这番拳拳苦心令李翠贞深感盛情难却，乃毅然克服家庭的重重困难，于 1959 年夏重返上海执教。

上海音乐学院的教师人才还发生过第二次全面匮乏，那是因为十年浩劫，使上音成为"重灾区"。而把坚持真理作为人生准则的贺绿汀自然是首当其冲。

早在 1954 年 6 月，贺绿汀针对当时有些人不重视技术训练，创作上公式化、概念化，将追求艺术美感和作品的阶级属性对立起来，以政治性标尺取代一切思想性、学术性的做法，在中华全国音乐工作者全国委员会扩大会议上，做了题为《论音乐的创作与批评》的专题发言。这篇讲话于《人民音乐》上发表以后，便引发了全国性批判贺绿汀"技术至上""艺术至上""资产阶级唯心主义"以及"脱离政治、脱离生活的反现实主义的艺术思想"等等的笔伐浪潮。这也成为后来贺绿汀"文革"中不断挨批的一条导火索，对他的斗争自此持续升级。

可以说，贺绿汀遭受的迫害，都是来自于他不能忍受对真理和知识的亵渎。但也正是因为贺绿汀一直抱着坚强的信念，相信有让他开口说真话的一天，虽然同样屡遭肉体上的折磨，甚至他的二女儿也不幸被迫害身亡，但他的精神却始终昂然向上，从未被打倒，成为中国乐坛"一面不倒的旗帜"。对于自己与家人所遭受的迫害，对于所失去的一切，贺绿汀都可以坦然对待，但是，在他眼中音乐教育界未可弥补的巨大损失是上海音乐学院在"文革"中所失去的诸多教育人才。这段岁月里，上音接连有十数位教授学者被迫害致死，其中还有贺绿汀亲自联系回来任教的几位专家。这成为贺绿汀心头最大的创痛，甚至是负罪感。因此，"文革"结束后，贺绿汀多次写信向有关方面和领导反映实情，希望为遭受不白之冤的上音教师平反。他在给时任文化部部长黄镇同志的信中曾写道："上海音乐学院是个重灾区，校内被'四人帮'迫害至死的多达 20 余人，至今阵线不明，是非不分，人心涣散。""我希望文化部在接收后，能按照部里的标准，对学校'四人帮'的势力进行彻底清查，对一切被迫害的人和死者按照党中央的政策进行平反昭雪。"

对于经历了"文革"，伤痕累累的上海音乐学院，贺绿汀一度也曾心灰意冷，他在信中写道："谈到学校的问题，我已完全无兴趣去管那些事了，一千人的学校，系主任及重要教师死了二十余人，现在已面目全非。学生三百人，教职工一千余人，教学机关变成了吃饭机关。学校情况复杂，上级领导将来会去抓的，我已经毫无兴趣去管这些闲事了。"但当组织上希望他为了上音尽快恢复元气，出任院长时，他不顾自己已然76岁的高龄，再度挂帅上阵，这一举动，对当时上音的全体教师来讲，实是莫大的鼓舞。在这位老院长的带领下，上音迅速走上正轨，尊师重道的优良传统重回校园。几年之内，上音的教学质量大大提高，个别专业还能做到成绩突出。这一切与贺绿汀坚持尊重知识、尊重人才和重视师资力量建设的办学方针是密切相关的。

优化办学条件，"软硬环境"两手抓

　　如果说，优秀的师资队伍、积极的教学氛围是一个学校的"软环境"的话，那么实实在在的办学条件就是一座高等学府的"硬环境"。事实上，以前很多对于贺绿汀教育思想和教学实践的总结，常常会忽略这一方面。而许多知名的大教育家本人，也不是特别注重这方面的工作。究其原因，也很简单，为一所学校添砖加瓦，使孩子们能在更加优越的环境下读书上学，并不是教育思想涵盖的范围，也不是教育家的本职工作，似乎更应该是实干家要做的事，或者是经营"校园经济学"的有关人士的工作。但是，这一点对于教育事业本身又是如此的重要，若是连"硬环境"都没有，哪里来的尊师重道，哪里来的传道授业。之所以要专门用一节来谈贺绿汀对于提高上海音乐学院办学条件的重视，以及他为此做过的大量实际工作，就是因为贺绿汀是一位少见的具有实干家精神的大教育家，也是一位历经革命炮火洗礼的真正意义上的唯物主义思想家。

　　在西方研究者视野里的教育家，或许可以分为两种：一种是亲身从事传播知识的工作，在教师岗位上做出巨大贡献的人物；还有一种是通过自身努力，筹集资金，建设学校，扩大受教育范围的人物。从学术研究角度而言，第一种教育家是知识的重要生产者，而从社会意义上来讲，第二种教育家带来的教育效益显然更为深远。

但是，在中国近现代教育历史中，由于许多客观原因，我们的教育家往往必须同时兼备以上两种特质，像蔡元培、陶行知等教育界的楷模，都是既能够深入研究、上台讲学，又可以亲力亲为处理好诸多杂事的教育大师。尽管与国立音乐院的创始人蔡元培和萧友梅相比，贺绿汀已经不再需要凭借己力去呼吁改善办学的大环境，但是，自贺绿汀从党和人民手里接过了上海音乐学院院长一职的那一刻起，他就把这所学校牢牢背在了自己身上，像是对待自己的孩子一般尽心培育它成长。

贺绿汀刚刚接手上海音乐学院院长工作之时，学校硬件环境十分简陋，只有 22 架钢琴，校址也是处于偏僻的江湾五角场。贺绿汀找到报社刊登收购旧钢琴的启事，然后带领教职员工动手整修，再投入教学。他常常说，要用尽量少的钱，办尽量多的事。他还多次向有关部门反映，校址偏远不利于招生和教师日常工作，希望能够迁移至市中心。后来在上海市委、市政府以及陈毅市长的亲自关怀下，学院校址经两度搬迁，最终搬到了现在的汾阳路，校园面积还得以扩大。在贺绿汀的努力下，到 1956 年，学院的钢琴数量也达到 150 多架。

学校购买乐器的资金不充裕，好的进口西洋乐器售价又十分昂贵。贺绿汀转念想到：为什么我们不可以自己开发制造乐器呢？于是，在他的一手主持下，1950 年上海音乐学院建立了我国第一个乐器制作研究室。随后，我国自己制造的首批高级小提琴问世，填补了国家的一项技术空白，也为上音的师生们提供了充足的教学工具。不久，上海音乐学院乐器工厂成立，不仅更深入系统地展开了对乐器制造技术的研究，同时为中华人民共和国培养了一批专门从事乐器制造的人才，还输出到全国各地指导当地的乐器制造和生产。其后，学院管弦系大胆开设了提琴制造专业，并由著名小提琴演奏家和制造专家谭抒真副院长领衔任教。

"文革"结束后，贺绿汀再次出任院长时，因为上海音乐学院大学部的操场和附中的校舍，被别的单位占用了，迟迟没能要回来，贺绿汀很是着急。为了更完整、清晰地向有关部门汇报情况，在生病期间，他还常常请学校负责此项工作的同志到家里来商量，一同查找校史资料，亲自提笔撰写文章以求归还。因需要向多个单位报送材料，而当时学校里还没有复印机，他就自备复写纸不断抄写。为此，在他的院长办公室抽屉里，总是留有一盒复写纸。他的夫人和女儿担心他的身体，都劝道："这种报送的材料请学校相关的同志写就可以了，一张张抄写太花费时间和精力。"但贺绿汀却坚持说，原本上音现在的校舍就是他以前担任院长时争取来的，只有自己对学校的一草一木最了解，所以由他来写材料才最清楚最准确。后来每次贺绿汀到北京开会，他都要带着好几份汇报材料，一见到相关领导必要拉着谈附中的校舍、大学的操场。直到1989年6月，贺绿汀因患大面积心肌梗死而住院，朱镕基去医院探望他时，他一句没说自己的病情，张口还是附中的校舍、大学的操场。

在为上音谋求发展、争取更好的办学条件的问题上，贺绿汀曾经写过一封长信致黄镇同志，较为详尽地反映了上音办学的经费缺口、附中校舍被强占、教职工住房极为紧张、教学器材和设备奇缺等实际硬件困难。他言辞恳切地说："学校因为突然出现经费上的缺口，感到压力很大。""另外，目前学校大学和附中都招了新生，而且新生数量比过去任何一年都多得多，但是东平路附中的校舍至今被文化局的'样板团'霸占不还"，"这件事非马上解

1982年11月，贺绿汀（右二）、丁善德、周小燕等寻访老音专旧址（复兴中路1325弄）

决不可"；"学校房子，特别是教职工住房很紧张……教师挤在很小的房子里，以致搞得他们连备课的地方都没有"；"教学器材和教学设备方面，也是百孔千疮，百废待兴：一是现有的几百架钢琴年久失修，破烂不堪"，"二是急需购买复印机一架（上海造的约15000元），供教师、学生复印从图书馆借阅所需的乐谱之用，以免用手抄写，费时、费工"。从贺绿汀的措辞间，我们不仅感受

1984 年 4 月，贺绿汀与姜瑞芝在寓所

到了他急迫的心情，还可以清晰地解读出他对上音校园具体到每个细节都了如指掌。同样是需要复印机这件事，他自己 70 高龄用复写纸抄写报批材料就毫无怨言，但一旦牵涉到教师、学生需反复抄写从图书馆借阅的乐谱时，他就担心费时、费工。这是怎样一种忘我无私，全心全意为学校、为教育投入的心怀啊！

在贺绿汀晚年担任上海音乐学院名誉院长的时候，贺夫人姜瑞芝本以为老伴终于可以好好休养一下，但贺绿汀依然为了学校的事情早忙晚忙，依靠自己的社会影响力，为音乐学院去争取更好的办学条件。贺夫人经常抱怨他没有时间整理自己的音乐作品，也没有时间完成出版社约稿的回忆录，贺绿汀总是说，我和别人不一样，我的身上背着一个学校！夫人叹了一口气，说：学校就是你的命！贺绿汀马上接话：就是，就是啊！

为了改善上海音乐学院的办学条件，几十年来贺绿汀想尽办法、多方活动，为上音做了许多实实在在的好事情。当然有很多工作是琐碎的、烦人的，有些甚至是劳而无功的。也有人觉得，作为一位功绩卓著的大音乐家、大教育家，贺绿汀应该关注那些宏观问题，而没有必要再去关注那些小事情。但是，贺绿汀是打心眼里把学校当成是命根，是儿子，是他生命中必须承受之重。而正是这种注重细节的小事情，突显了这位大教育家的无私品格。

建设民族音乐教育规范体系

　　在音乐理论研究、音乐美学思想以及音乐教育思想这三大领域，贺绿汀对于民族音乐的关注都是一以贯之、相互关联的；中华民族音乐元素，也是"贺氏音乐思想"、音乐创作与教学、研究实践中比重极大、内涵极深的一个组成部分。

　　任何思想意识的反映，追根溯源，都是当时当地现实环境的影响和折射。对于贺绿汀来说，他人生最初的音乐启蒙即来自家乡湖南邵阳的一种地方戏曲 —— 祁剧，俗称"板凳戏"。贺绿汀的父亲是一位地道的农民，文化素质不高，但很擅长这种乡间遇有红白喜事都要清唱一曲的祁阳戏。少年贺绿汀很喜欢听父亲唱，那自然悠远的歌声在这个大山的孩子心里播下了民族音乐的种子。在贺绿汀的创作领域，结合民族音乐元素的成功范例更是不胜枚举，从一举夺得齐尔品"征求中国风味钢琴曲"头奖的成名作《牧童短笛》，到从"金嗓子"周璇口里传唱至今的《天涯歌女》，还有军旅特色的《游击队歌》、艺术歌曲《嘉陵江上》、同名山歌改编的大合唱《东方红》，管弦乐小品经典之作《森吉德马》等等，贺绿汀最负盛名的作品里大多包涵民族音乐的优秀成分。贺绿汀也正是吸收着中华民族音乐的精华营养，从而一步步扬名国际乐坛的。

　　从音乐创作角度，贺绿汀在 20 世纪 30 年代就非常清晰地看到发挥民族音乐特色的重要性：

　　中国音乐在各特殊民族音乐中确实是足以代表东方民族色彩的最出色的民族音乐。这是须待我们来发掘的一个宝藏，我们尽可以利用西洋一切作曲技巧，创造出中国民族音乐而能在世界乐坛上放一异彩。

　　在贺绿汀开始从事中国高等音乐教育的工作后，他马上把这一音乐指导思想，实践在了教学活动当中。首先从"丰富民族音乐的感性知识"入手，"精选各地的民歌及地方戏曲唱腔，使学生在长期的民间音乐学习中不断积累这方面的资料与知识"。

　　贺绿汀率先在上海音乐学院开设了民歌课程，并将民间音乐课作为全校各系科的必修课，力改老"音专"与民族音乐教育脱节的弊病。为了鼓励全校师生以学唱民歌为荣，贺绿汀每每带上一把板胡走进教室授课，在同学们面前自拉自唱，将自己往日收集下的湖南、四川、陕北等地民歌介绍给大家，有时候还去校园的广播站教唱。他提出要求，要每人每天背唱一首民歌。同时他自己也不断学习，多次抽出时间向当时在上海警备区文工团工作的民间艺人左玉成学三弦和西河大鼓。在这样全校学民歌的热烈气氛中，各系学生纷纷自发成立民歌学习小组，制订学习计划，建立学习制度；在校园的草坪上，课堂里，有线广播中，处处可闻民歌声，一时上音校园里民歌小调此起彼伏，好不热闹。学生会开始主办定期的"民歌演唱会"；作曲系成立了民间音乐学习委员会，组织同学为民歌编写合唱和配制伴奏；作曲系与声乐系合编的系刊相继发表了两系师生在学习、研究、改编、演唱民歌方面的心得体会。这股学习民歌的热潮持续并深入地席卷校园，使上音的学生逐渐把学唱民歌同自身的专业课、艺术实践和理论研究等方面都有机地结合了起来。

为了把民族民间音乐作为学生的基本功之一来训练，贺绿汀四下奔走，聘请了多位民间艺人来校任教。他亲自从北京、陕北等地将王秀卿、丁喜才、宋保才、宋仲奇等著名艺人请来教授西河大鼓、单弦牌子曲、榆林小曲以及唢呐和笙等民间音乐课程。又邀请黄梅戏、泗州戏等地方戏曲剧团来校演出，同时组织师生走出校门，去观摩京剧、昆曲、越剧等。再组建民间音乐学习小组，带领学生利用寒暑假，分赴华东各省，进行采风活动。

　　以上多重措施，在将中国民族民间音乐引入高等音乐学府方面成效卓著。20 世纪 50 年代中期，当时上音的一批在校学生创作热情高涨，大量具有鲜明民族风格的优秀音乐作品就在他们手里诞生了，如小提琴曲《夏夜》（杨善乐）、钢琴曲《蓝花花》（汪立三）、钢琴组曲《庙会》（蒋组馨）、交响诗《黄鹤的故事》（施咏康）、大合唱《祖国颂》（刘施任）、群众歌曲《抗美援朝进行曲》、轻歌曲《送我一朵玫瑰花》（葛顺中）、抒情歌曲《小河的水静静地流》（陈大荧）、合唱《太阳出来石榴红》（严庆祥）、女生无伴奏合唱《四川民歌三首》（谢振南）、童声合唱《喂好我的老黄牛》、根据同名黄梅戏改编的《打猪草》（海鹏）等。在校学生能够创作出这么多受到人民群众欢迎，又具有广泛社会影响力的作品，足以证明贺绿汀引进民间音乐教育决策的前瞻性和实效性。

　　从 1955—1956 学年度开始，上海音乐学院的理论作曲系新添了戏曲专业、指挥专业和理论专业。贺绿汀在《对 1955—1956 学年度的希望》一文中，强调"理论作曲系增设戏曲专业是有重大意义的"，"地方戏曲是为广大人民所喜爱的一种艺术形式，地方戏曲的观众远远超过其他任何一种音乐活动的观众，并且很大一部分民族音乐宝贵的遗产保存在戏曲音乐中间"，"音乐工作者如果参加到地方戏曲音乐中去，不但将使地方戏曲在原有的基础上大大提高，并且也为创造新的民族歌剧打下了稳固的基础"；"如何才能保证戏曲专业与全院民族音乐学习真正能有所成就呢？问题就在于我们更深一层从理论上去认识它，并能持久不懈地钻研与学习"。

可见，先向高校引入感性的民族民间音乐知识，还只是贺绿汀民族音乐教育思想的第一步；有了感性的认知以后，贺绿汀开始强调对于我们宝贵的民族音乐文化遗产应该有更进一步的理性整理、分析和发掘。这就将民族音乐教育内容从较为表面的接触和了解提升到了深化理论研究的高度，也由此可以看出，贺绿汀的民族音乐教育思想完全是一个完整、有序的体系，他思考之全面，见识之深远，当值得今天的教育工作者们敬佩和学习。

贺绿汀提出，对于散落于民间的诸多民族民间音乐内容和形式，是急需"运用现代的技术理论知识，运用马克思主义的分析方法去发掘、整理、研究"的。他曾在中国音协民族音乐工作座谈会上重申："民间音乐、民歌的整理是很重要的。每个省都有好的民歌手。要把好的民歌原封不动地记录下来，像杨荫浏录的华彦均的曲子即是他自己拉的。朱仲禄唱的几首'花儿'，我给阿拉波夫及其他外国的同志听，他们都很喜欢。"其次，"培养新的民族音乐研究人才很重要"，"新的民族音乐研究人才应该是知识广泛、学识渊博，既懂中国的民族音乐，也懂其他国家的民族音乐，对现代文化、马列主义有很好的修养，有了这样的人才，将对音乐创作有很大的贡献"。

1953年，贺绿汀第一个在全国高等音乐院校范围内主张创办了民族音乐研究室（后一度改称华东民族民间音乐研究室，隶属华东文化局，附设在上音；1954 年恢复原称，划归上音建制），自己兼任室主任，着手对民族民间音乐进行系统的汇集、整理和科学研究；同时，也是为民族音乐教育进入高校规范化体系准备师资和教材。研究室首先有计划地对华东周边地区的民歌和地方戏曲，进行了收集、录音、记谱、整理和研究工作。而究竟应该以怎样的态度来执行这项庞杂而重要的工作呢？贺绿汀强调了两点：

一、收集民间音乐时，要注意保持它的原貌。"我主张收集民间音乐最好是原封不动地录音，保持它的真实面貌。从现在已经出版的材料来看，凡是记录得好的民间音乐，都是因为收集的人比较虚心……一些从洋学堂出来的音乐工作者，在民间艺人的面前，不但表现得很不虚心，而且还动不动就想改编人家的东西，甚至随随便便就加上'编曲'两个字，把人家的东西据为己有。这种态度很不好，而且有些民间音乐本来是蛮好的，一'加工'反倒'加''坏了。"

二、对于收集、整理好的原始音乐材料一定要加以理论分析。"谈到理论研究，我们在这方面的工作做得还很不够。我们民间的音乐文献很丰富，应该下大力气整理这方面的民族文化遗产……但不仅要将古文译成白话文，让人可以看懂，而且最好还要有理论分析。"

1956 年，经过建校之初的引入民歌运动以及民族音乐研究室的理论筹备，终于在贺绿汀的一手培植下，上海音乐学院成立了专门的民族音乐系，设有民族音乐理论、民族乐队指导（后改为民族作曲）、民族器乐三个专业。这标志着，我国民族音乐从此在高等音乐院校内占有了重要的一席之地；中国的高等学府，不再只是研究西洋舶来的严肃音乐，同时将我国传统文化中源远流长的音乐文化部分作为了研究和发扬的对象，并将培养从事中国民族民间音乐的高级人才纳入了高校教育的专业规范体制。贺绿汀这一开创性的功绩，具有载入中国音乐教育史册的崇高地位，可谓翻开了我国高校音乐教育的全新篇章。

并且，贺绿汀对于在设立民族音乐系的基础上，进一步开发与民族音乐相关的细分学科，是早有预想的。他说：

> 我们学校仅 35 年的历史，其他国家音乐学院的历史有些在 100 年以上，教师的学术水平有些也很高。在专业设置方面，作曲、钢琴、管弦、声乐、指挥等专业大致相同，但我们的民族音乐及其各专业是别国音乐学校所没有的。假如我们要创设民族声乐、民族作曲、民族器乐系更是他们的音乐学校所没有的。

> 根据这样的设想，1956 年民族音乐系成立时，系里设立了民族音乐理论、民族器乐、民族乐队指导三个专业。现在要把三个专业扩充成三个系，再成立一个民族声乐系。

贺绿汀接着在文章中详细论述了开设如上新的民族音乐系科，学校会具体面临什么样的任务，我们自身具备哪些条件，要采取什么方法才合乎实际并能有效完成任务：

> 目前计划成立的有民族声乐系、民族器乐系、民族作曲系及民族音乐理论系各专业。前面已说过，这些系与专业在中外都是创举，没有先例可循。但是我们的目标是明确的——建立自己民族的社会主义的音乐文化。在这一点上，毛主席给了我们正确的指导：借鉴西洋的现代的科学技术理论，来研究整理我们的民族音乐。

贺绿汀认为，一方面"我们不妨和我们的祖先一样，不必拒绝外来的音乐，可以批判地加以接受"；另一方面"我们所运用的一切外国技术理论必须中国化，适合中国民族音乐的要求"，"要从自己的民族传统，从无产阶级的立场出发，建设我国自己民族的社会主义的音乐文化，为我国的劳动人民服务，这不是靠硬搬外国的就可以代替的"。可见，贺绿汀早已清晰地认识到，建立民族音乐系的目的，是要学习结合外来音乐艺术精华，整合发扬我中华民族固有的音乐传统，最终形成与时俱进的社会主义音乐文化，"创造出无愧于伟大中国人民的新的中国民族音乐文化"，使"中国民族乐派"屹立世界乐坛。事实上，这不仅仅是创立民族音乐系的目的，它是向中华人民共和国的全体音乐工作者们提出的跨时代的新要求。

贺绿汀在音乐教育上所做出的贡献，远不止提出了如上高瞻远瞩的教育概念，除了是一位教育理论家，他更是一位教育实干家。上海音乐学院的民族音乐系成立以后，他立刻从实践角度明确提出，为了实现要办好这个全新系科的愿景，必须把握"保证新生质量"和"慎重考虑课程设置与教学计划"两大关键问题。因为这一系科的设立，是没有西洋高等音乐学府的相应教育模式为参照的，从招生、教学内容、考试制度等等具体环节来说都需要摸着石头过河，边摸索边工作边完善。贺绿汀进一步说明，要解决上述两大关键问题，民族音乐系的学生在掌握好基础课程以外，还必须打好"丰富民族音乐的感性认识"和"掌握多种民族乐器的演奏"两个基础。在这样的办学方针下，中华人民共和国成立后上海音乐学院培养的优秀人才，能够创作出小提琴协奏曲《梁山伯与祝英台》这样中西合璧、蜚声海内外的作品也就不足为奇了。

　　除此之外，贺绿汀的民族音乐教育思想，同样坚持"从小抓起"、一以贯之。他并没有把民族音乐教育仅仅作为高等音乐教育的一部分而割裂开。在上海音乐学院开设民族音乐系科以后，招收什么样的学生继续深造培养的问题就马上浮出水面。而这一点则直接和中学，甚至小学里的民族音乐教育紧密关联。1963年10月，贺绿汀曾以全国政协委员的身份去西北各省视察工作。回来以后，他深切感到："现在全国的音乐教育情况很乱，尤其是中学音乐教育。"其中，民间音乐和民族器乐等方面的课程就更加缺乏。有的地方天然的民间音乐环境是很好的，比如一些边远地区、少数民族地区都自然流传和保存了不少民歌、小调，可是当地没有高等音乐学府，中小学又极其不重视音乐教育，这种情况非常普遍。既浪费了当地的民间音乐资源，又造成中小学生民族音乐教育的整体缺失，状况堪忧。针对这样的问题，贺绿汀认为：

1981年9月，贺绿汀在贵州参加苗林之晨音乐节

1980 年 11 月，才旦卓玛回母校看望贺绿汀

　　我看连中学的音乐课也应该包括民间音乐内容，特别是一些县里的中学要这样搞。可以就地取材，组织学生大唱民歌。

　　由于中华民族是由 56 个民族共同组成的大家庭，因此我国的民族民间音乐除去有汉唐以来中原地区发展起来的音乐文化主体以外，还有边远地区、少数民族地区音乐元素的逐渐融合、补充与丰富。诸多少数民族音乐对于中华民族音乐的影响是巨大的，有不少民族音乐乐器来自于少数民族地区，还有一些原是少数民族代表性的乐曲、乐段，后来改编成为民族音乐的经典演奏作品。贺绿汀在重视民族音乐教育的同时，没有忽略这一不可或缺的部分 —— 少数民族音乐的收集、保留、研究与继承，以及少数民族音乐人才的培养。

　　不少学者都把这一领域的工作，归纳在贺绿汀的民族音乐教育范畴以外，另起名目曰"为地方培养音乐人才干部"。而笔者认为，贺绿汀早早提出专门为边远地区、少数民族地区定点培养人才的想法，和他重视民族音乐教育的理念是一脉相承、不可分割的。各少数民族特有的音乐形式与内容，本身就是中华民族音乐的分支；而且招收边远少数民族音乐人才进入高校进行专业的系统化培养，和抓好高校自身的民族音乐教育两者之间，本就是相得益彰的关系。少数民族学生可以带来家乡的"原生态"音乐素材，民族音乐研究室便可以就近收集这些宝贵的"活材料"，而民族音乐系的汉族学生也可以更直接地了解多样的民族民间音乐种类，增进对民族民间音乐的感性认识。经过高等音乐院校的专业化教育，少数民族音乐人才自身素质又能得到全方位提升，也就具备了在更高层面上介绍、推广和发展本民族音乐的能力。

从 1952 年开始，上海音乐学院正式开设少数民族班，招收全国各地的少数民族音乐人才。对这些特殊的大学生，在文化分上不设太高的门槛，特别是对一些拥有自己语言的少数民族歌手，只要求能读写汉语就行，免收学费，还发放奖学金。招收进校后，学校先给予读预科补文化的机会，水平跟上以后再继续深造。这一举措，对于上音探索对少数民族学生的教学经验，和进一步补充我国边远地区少数民族音乐文化资料都是非常有益的。同时当然也为我国少数民族地区培养了大量专业音乐人才。至 1983 年，上海音乐学院已送出来自 28 个少数民族的 100 多位学生，才旦卓玛、热比亚、阿旺、莫尔吉夫等都是少数民族班的毕业生。

"文革"以后，贺绿汀十分担忧本已开创出一条道路的民族音乐教育。由于十年浩劫里师资、专家等方面的损失，有关工作再次陷入低谷；而幸存的民族音乐艺术家又相继进入垂暮之年。

1982 年，才旦卓玛回母校

1983 年 9 月中秋节，民族班学生在贺绿汀家吃月饼

因此，1979 年他复出主持上音工作之后，迅速倡议成立"民间音乐抢救小组"：为老艺人、曲艺名家、老民族器乐演奏家以及著名民歌手录音录像，抢救濒临失传的民间音乐宝贵资料。贺绿汀亲自指导小组完成了对张子谦（古琴）、卫仲乐（琵琶）、孙裕德

1993 年 10 月，上音附中 40 周年校庆，贺绿汀铜像揭幕仪式

（古筝）、朱勤甫（鼓乐）、韩起祥（陕北说书）、朱仲禄（回族"花儿"）、徐丽仙（评弹）、黄虹、阿旺、何纪光、黄琼英（民歌）等人的录音、录像。此项工作是责任重大、意义深远的，有不少上文提到的老艺术家，在完成录像以后，不久就驾鹤西去。故此，贺绿汀一再强调"抢救"工作的重要性和紧迫性。正是由于"民间音乐抢救小组"在贺绿汀的直接指挥下，做了大量卓有成效的工作，才为我们保留下来这么多民间音乐资料，不致造成"人既云亡，琴亦绝响"般令人扼腕痛惜的局面。

综上所述，贺绿汀在民族音乐教育方面，为共和国做出了开创性的重大贡献。而重视民族音乐文化，是始终贯穿贺绿汀音乐创作和音乐思想的一根红线，它将贺绿汀作为一位音乐家的非凡成就和作为一位教育家的杰出表现有机地融合为一体。这使我们更加深刻地认识到该如何沿袭贺绿汀的足迹，继续创造发扬出属于今天的"中国民族乐派"，让中华音乐如同今时之中华民族经济腾飞一样响彻世界音乐文化之林！

逐步完成"一条龙"式教育体系建设

　　贺绿汀一直以来都十分重视针对孩童的音乐教育，他认为"从娃娃抓起"不是一句大而化之的空话，而应该从完善教育体制的层面来保障孩子们能够从小接受正规化的音乐教育。早在1950年，时为上海音乐学院院长的贺绿汀就向文化部写信反映："音乐专业性、技巧性强，音乐教育必须从小培养。""这是客观生理条件所决定的。""根据生理条件，儿童在六岁到十六岁是学习音乐技术的黄金时期，过了这个时期，技术学习进步就慢了。"确实，"世界上一些著名的演奏家、作曲家大都是从小就开始学习的"。贺绿汀为此还旁征博引，以美国心理学家布鲁纳的理论为例证：

> 若以17岁的人的智力发展为一百，则儿童4岁时已具备百分之五十，8岁时达到百分之八十，剩下的百分之二十，是从8岁到17岁的9年中获得的。亦即人的智力发展，最初4年等于以后13年的总和……莫扎特、贝多芬之所以成为音乐大师，主要的原因是他们的父母从小就对他们进行音乐教育，而不是由于他们天生的音乐才能。

　　因此，贺绿汀提出开办少年班的主张，经文化部同意，1951年秋天，上海音乐学院招收了第一批十一、十二岁的少年班学员。1952年，行知艺术师范学校音乐组的学员并入上海音乐学院少年班。当年"少年班"的学员俞丽拿、江明惇、丁芷诺、沈西蒂、徐锡宜、吴菲、卞祖善、黄白、石林、邓尔博、赵诞青等，都是中华人

1986年6月，上音附小建校三十周年音乐会

民共和国培养的第一批音乐家。就是他们以及他们培养的学生，近年来在国内外音乐比赛中屡屡获奖，为祖国赢得了荣誉。

2001年10月，上音专门举行了纪念上海音乐学院"少年班"创建五十周年的活动，这次活动得到了文化部、上海市各级党政领导的极大重视，也得到了音乐界同行的关注。10月4日，在上海音乐学院小礼堂举行了上海音乐学院"少年班"创建五十周年纪念会，10月5日晚，上海音乐学院"少年班"创建五十周年庆祝音乐会在上海音乐学院大礼堂隆重举行，上海市有关领导出席了此次活动。时任中共中央候补委员、中国音乐家协会名誉主席的吴祖强、文化部副部长陈晓光、中国音乐家协会、上海市教育委员会等，都给上海音乐学院发来了贺信。他们在贺信中高度评价了"少年班"在中国专业音乐教育史上的重要意义："上海音乐学院少年班在五十年前诞生，随后发展成附属小学及附属中学，对于上海形成专业音乐教育完整体系产生了重大作用。""音乐艺术需要投入毕生精力，从幼年时代便能接受专业教育，给予有志为祖国音乐事业尽力的年轻人提供了顺利成长的条件。"这正是对贺绿汀首倡的"音乐教育必须从小培养"的回溯与肯定。

经过一段时间的思考，贺绿汀意识到要切实提高我国专业音乐教学的整体水平，不能仅仅依靠建设高等院校以及开办少年班，而必须同时开办相关小学、中学，让学员们从小得到严格的技巧训练，打好音乐知识基础，要使专业音乐教育形成大、中、小学"一条龙"式的不间断延续体系，这样才能培养出功底扎实的、具有国际竞争力的音乐专门人才：

> 音乐学校也好像其他学校一样，要想把大学办好，首先要办好中小学，打好学生的数理化、语文、外语等基础，大学才能有合格的新生。过去音乐学校的大学本科招收的往往是普通中学毕业生，没有受过音乐专业基础教育，进了大学才开始从五线谱学起，年龄也大了，进步慢，当然不可能有大的成就。

1953 年，在原少年班的基础之上，上海音乐学院附中正式成立，定名为中央音乐学院华东分院附属中等音乐学校。1956 年，上音附中随院部的更名而改名为上海音乐学院附属中等音乐专科学校。1958 年 4 月，上音附中由漕河泾迁入东平路 9 号。

附中成立以后，贺绿汀继续向有关方面反映建立音乐小学的必要性。他先是列举出许多当时的兄弟国家的教育体制实例：

> 苏联有 21 个学院，但同时有五百余所音乐小学；捷克斯洛伐克有二百余所音乐小学，中等音乐学校还不算在内。他们的音乐小学制度是学生在一般小学念书，同时每

周在音乐小学上课两小时，小学毕业后即可投考中等音乐学校。由于他们音乐教育制度上的优越性，就有可能大量选拔真正有音乐天才的儿童，并给予及时的教育。

然后，贺绿汀提出了更加符合中华人民共和国国情的音乐小学办学建议：

中央教育部应初步建立起明确的音乐教育制度，首先明令妥为保存全国接收过来的教会学校中业已存在的琴科，并在可能范围内在大城市中设立一两个实验性质的音乐小学。上海如设立音乐小学，师资问题华东分院（即上海音乐学院）完全可以解决。

其后，上海音乐学院附中小学部（对外简称上音附小）于1955年实验开张，当时仅为一个针对小学生的课余音乐补习班，教职工共5人。直到1956年，在贺绿汀的亲自关怀和支持下，正式成立了三年制音乐小学，全称为上海音乐学院附属儿童音乐学校。根据文化部的批示，1996年上海音乐学院附属音乐小学由汾阳路20号迁入东平路9号，与上音附中成为一体。在中小学师资队伍配制上，贺绿汀主张大、中、小学"一条龙"名师共用的原则，因此上音附中、附小一直以来拥有聘请大学部名师任教的优良传统，像王人艺、王建中、俞丽拿、郑石生、丁芷诺、沈西蒂、林应荣、郑曙星、吴迎、常留柱、刘若娥、卞敬祖、石林、孙铭红、何宝泉、王永德等著名教授，都曾走上附中、附小的课堂，面对面地指导孩子们的音乐学习。坚持聘请大学名师教学，如今已成为上音附中、附小的一大办学特色，也是附中、附小能够人才辈出的一个重要原因。

自上音附中、附小正式成立以后，从形式上看，上海的专业音

1986 年 6 月，上音附小建校三十周年大会后合影

1996 年 5 月 24 日，上音附小建校四十周年大会

乐教育已经初步形成大、中、小学"一条龙"式的教学结构了。但是，从内容上看，这个"一条龙"是否真的达成了各个教育阶段之间的恰当衔接呢？应该说，贺绿汀自己也在实践过程中边摸索边进步。

1962年，中央提出了"调整、巩固、充实、提高"的八字方针，这一方针也被要求贯彻到艺术教育领域。因此，同年的3月15日，贺绿汀写出了《关于加强大、中、小学教学衔接和修订教学方案的报告》（以下简称《报告》）。这份报告的提出，标志着贺绿汀大、中、小学"一条龙"办学思想的成熟。

《报告》里首先指出了过去存在的问题：

一、在课程设置方面，中、小学的文化课和音乐基础课设置没有统一的标准，重点不突出，要求不明确。有的课程设置过早，相应学龄的孩子还听不懂，无法理解；而有的课程设置没有阶段性，不集中，时段拉得过长，失去了教学效果，还反过来影响别的专业课学习时间，给学生也造成不必要的负担。例如《基本乐理》、《基础和声学》、《民族民间音乐》、视唱练耳以及部分文化课，从小学一直学到大学，学了十几年，课程安排重复不说，学生们也学不到真正有用的内容。

二、中、小学的基础教学不够扎实。过去对孩子的音乐培养，一味追求业务技术上的提升，忽视音乐基础知识的普及，等到了大学再补基础课，其实是影响了高等院校的教学进度和质量提高。

三、无论是在音乐基础教学还是在专业教学上，都缺乏统一的标尺，未能贯彻统一的要求。因此，从小学到中学、大学，每换一个阶段，就要更改教学方法，重新理顺教学思路，延长了学生们的教育适应期，也十分影响教学进度。

四、部分教师和学生脑中没有大、中、小学"一条龙"的全局教学观，不重视文化课或专业基础课的学习，最终影响到实际教学质量。

问题摆在那里，贺绿汀同时在《报告》中也提出了调整、提高的措施。文化课方面：在音乐小学阶段必须达到一般小学的教学质量，不可忽视文化课的学习，为孩子们奠定将来能够进一步深造学习的知识平台。只有在保证文化课质量、不减少内容的大前提下，对某些个别的知识课（如自然、地理等）可做适当调整。而中学阶段，应在全面重视文化知识课学习的原则下，有重点地保证语文、外语和历史等人文学科课程的教学质量，数、理、化可作为知识了解性课程，不作硬性考试要求。这样就可以既保证重点，又照顾全面。

在 20 世纪 60 年代，贺绿汀就提出了这样灵活机动的，针对艺术专业学生的文化课课程设置，可谓是非常具有远见的。直到今天，我们还常常听到许多在文学艺术上有"偏才"的孩子被普通高等院校拒之门外的例子。可见，贺绿汀的教学思想都是从他的教学实践中总结得来的。因为，他在实际教学中发现，的确有不少拥有音乐天赋的学生没有办法跟上普通中、小学学生们理科方面的学习进度，那么，就因此断送他们的音乐天赋吗？当然不行，人才是难能可贵的，而且没有谁是十全十美的全才。所以，在专门的音乐学校对文化课设置进行一些机动调整，是十分必要的。

另外，《报告》还提出了一些关于学科和专业基础课设置的具体改革方法。

在学科设置方面，贺绿汀认为小学阶段不用开设民乐学科，只需要为少数有民族乐器演奏才能的学生开办一个"提高班"，对他们进行专业辅导。这是因为当时，在小学阶段就开始练习民族乐器的学生不多，而且在小学就设置民族民间音乐方面的专业知识课，有些为时过早，可能会打乱整个"大、中、小"学教育体系的阶段性分工，不利于给学生们打好统一的音乐知识基础。但是时至今日，由于音乐教育要从小抓起的观念已然深入人心，"一条龙"式的专业音乐教育体系也日趋完善，所以有不少父母就让自己的孩子越来越早地开始民乐演奏的学习了。

对于中学阶段的课程设置改革主要体现在初、高中的学科设置要有所区别上，高中要增设作曲和声乐专业。而过去的老观念认为初中学生年龄太小，不宜学习管乐，要到高中阶段，从钢琴学科的学生中选择学习管乐的对象。这种做法就造成了很大局限，因为钢琴学科一般女生较多，到高中时再择人初学管乐也有点太晚了。所以，贺绿汀觉得还是应从初中开始招收管乐学生，从各方面考量吸收进适合学习管乐的对象，然后安排他们初一时还是仅学钢琴，自初二开始少量接触管乐乐器，初三后逐渐增加管乐学习内容。这样一来，既不会因过早学习管乐影响学生健康，也有利于提高管乐专门人才的综合素质。

在专业基础课方面，贺绿汀主张小学阶段不设"基本乐理"，而是将读谱法和初步乐理知识放入专业课和唱歌课，由任课教师随堂解决。并进一步明确唱歌课的教学要求，主要是提高小学生对音乐的兴趣，丰富音乐知识。到中学阶段，集中开设"基本乐理"课，同时加强钢琴基础课，成立钢琴专业基础课教研组，严格把关学生的钢琴演奏基础。当然对于不同的专业还会有不同的要求，如"民族民间音乐"课先在高中开设两年，主要要求集中学好各地有代表性的民歌；到大学里再开设两年，要求集中学好戏曲、曲艺门类中重要的剧种和唱腔。这样虽同是"民族民间音乐"课，

1983 年 6 月，贺绿汀在华东医院接见王晓东

但要求不一样，重点不一样，有效避免了课程重复设置带来的种种弊端。其他还有和声、复调、作品分析、中外音乐史、音乐欣赏课、艺术概论以及课余音乐活动课等，都按照不同阶段不同专业制定了系统的相应要求。

由此可见，贺绿汀的音乐教育思想成果都是具有极强操作指导性的，他从来不说大话、空话，一字一句都是为了提升教学实践而撰写的，有时候，甚至细到我们无法想象的地步。比如，《报告》最后还另附有一份《修订的教学方案和教学进程计划表》。如此良苦用心，实是为师表率。

此外，贺绿汀还撰写了《关于大、中、小学行政工作领导关系和教学工作衔接问题的若干规定》。此规定要求切实推行大、中、小学"一条龙"教育体制，不仅仅是体现在学制的连贯或者专业的衔接上，还要从领导关系、教学组织、课程设置、教学大纲、教

材、教法、进度、定期考核等各个方面，通盘规划，合理安排学生的专业倾向与发展方向，从而为教学质量的稳步提升提供组织保证和制度保障，也就是全方位地建立系统化的"一条龙"教育体制。

由于充分贯彻执行了这一指导思想，上海音乐学院附小、附中和高校每年都为国家培养出大批专业音乐人才。

1983年6月，贺绿汀在华东医院看王晓东的奖状

几十年来，从上音附中毕业的学生超过2000人，其中大部分进入上海音乐学院及国内其他音乐学院深造，还有一部分到国外音乐学院包括世界一流音乐学院留学，也有一部分直接进入各艺术团体。特别是自20世纪80年代以来，涌现了许多国内外乐坛崭露头角的音乐尖子。在国际青少年小提琴比赛中，王晓东连续三次获得第一名。董昆连续两次荣获第一名，李智胜、乐薇薇获并列第一名。在国际钢琴比赛中，杜宁武、秦川、封颖分别获第一名。20世纪90年代黄若在奥柏林国际作曲比赛中获一等奖；王之炅在国际青少年小提琴比赛中又获第一名；在国际钢琴比赛中王鲁、丁一羚、邹翔分别获得第一名。2003年10月，陈佳峰在波兰维尼亚夫斯基国际青少年小提琴比赛中获少年组第一名，同时荣获肖邦音乐学院颁发的特殊才能奖，欧洲共同体颁发的杰出少年一等奖。上音附中学生在国内外音乐比赛中共获奖290余人次，其中国际音乐比赛获奖99人次，国内

1993 年 11 月 2 日，第五届小提琴比赛开幕式组委会与评委合影

音乐比赛 192 人次。上音附中、附小的骄人成绩引起了国内、国际音乐界的广泛关注，中央电视台曾专门为附中拍摄了名为《音乐家的摇篮》的纪录片；上海科教电影制片厂也拍摄了纪录片《东方梅纽因学校》。世界著名音乐家斯特恩先生曾亲赴上音附小参观，赞叹上音附小"这里每一个窗口都有一个天才"。1993 年 5 月，附中荣获文化部颁发的"三年连续四次获国际音乐比赛第一名"的奖匾，这是全国艺术院校中唯一的殊荣。

上海音乐学院曾经在 1965 年举办过一场前所未有的"五代同台"革命历史歌曲演唱会，充分体现出了大、中、小学里老、中、青、少、儿五代人同心同德，团结一致建设与发展社会主义音乐教育的繁荣局面。而这一切成绩的获得，都与贺绿汀提出的建设大、中、小学"一条龙"式教育体系的先进思想分不开，都与贺绿汀的音乐大、中、小学办学实践分不开。

　　"一条龙"的音乐教育体系，不仅体现在专业音乐教育方面，还包括了大、中、小学的业余音乐教学"一条龙"。实际上，专业音乐教育"一条龙"的形成，也是与举办业余音乐教育相辅相成的。上音附小的成立过程就是一个例子，1956年夏正式成立的三年制专业音乐小学，是脱胎于1955年创始的一个针对小学生的课余音乐补习班。此后，附中、附小相继办起了自设的课余班，大学部开办了业余部（夜大学）以及干部进修班、民族乐队训练班、民族班、工农班、师范班、管弦班、歌剧班、合唱班等，从而形成了大、中、小配套的专业音乐教育体制和专业与业余、学校与社会互相衔接的全方位音乐教育网络。

　　贺绿汀一贯反对"专业音乐教育与普通音乐教育脱节"，"只顾自己专业上发展，不关心普通的音乐教育"的错误做法。这里的普通音乐教育，意指社会意义上的音乐教育普及工作。对于普通音乐教育、课余音乐教育以及专业音乐教育三者之间如何有机整合，贺绿汀曾有过设想，"在工人新村居民集中居住的地段设音乐中心，或称业余音乐学校，指派专业教师去辅导，成绩优秀的可挑选出来单独给他上课"；或由少年宫、青年宫、文化宫等"聘请兼任、专任音乐教师，教授钢琴、大小提琴以及各种民族乐器，组织业余合唱队，由各小学学生自由参加"。在此基础上，每年举行"全区和全市性的各种音乐比赛"，并"从比赛中选拔特殊优秀人才进入音乐小学或音乐中学"，"这是提高专业音乐学校学生质量最好的办法"，"就好像打乒乓球一样，很快就可以赶上世界水平"。贺绿汀认为，中学音乐教育，"要特别重视业余的音乐活动，一二千人以上的大学校，可以专门设立音乐馆"，"中学、小学除了正式的音乐课以外，也应该有计划地加强业余音乐活动。各大城市都有青、少年宫以及各种文化馆，各省市文化局及教育局对这些青、少年宫应该有个具体规划，使之成为中小学业余音乐教育的重要阵地"。

1956年，上音附小正式成立之初，就按照贺绿汀的构想，在曹杨、控江两个新建的工人新村以及区少年宫等九处开办附小课余班，均收到了很好的教学效果。贺绿汀一再强调：

> 各地对少年宫的艺术辅导应当加强。凡属有艺术院校的地方，这些艺术院校应该有责任帮助当地的少年宫，提高他们的师资水平，帮助他们开展活动，使少年儿童从小受到良好的艺术教育。这不仅是解决本校的生源问题，也是提高全民族科学文化水平所需要的。

贺绿汀还考虑到除北京、上海等大城市以外，其他中小城市，特别是广大农村，因为物质条件的多方面限制，无法实现这样的构想。所以，他又提出"普及音乐教育，城市有城市的条件，乡村有乡村的条件"，不能照搬，而应本着"提倡因陋就简，提倡节约"的精神，"根据不同的条件，举行各不相同的音乐会、音乐汇演、音乐节"。如乡村就"可向民间学习，举办民歌晚会。民歌中有很好的山歌，山歌可以用来教学生，可以拿来编戏剧。总之，花钱少，办事多，效率高，办法多种多样"。这些从实际出发、灵活多变的做法，可谓在尽可能广泛地普及音乐教育方面是极具操作指导性的。

贺绿汀曾经指出：

> 在提高方面，我认为提高音乐工作干部的水平最为迫切。许多长期在文艺工作团体中工作的音乐工作者，

他们有长期的丰富的工作经验，长期的在群众中的生活体验。假如有这样的音乐学校能经常轮流调集他们作一年或半年业务学习，那对普及与提高两方面都可以产生很大的作用。

贺绿汀在担任上音院长期间，为在职音乐干部开办了多种进修班，有效地提高了他们的业务水平。至今，全国各地的艺术院校、文艺团体、部队歌舞团等等，从他们的领导干部到骨干演员，其中有不少都是曾在"上音干部进修班"学习过的学员。这些在干部进修班受益的音乐工作者，在自己的岗位上也发挥了积极作用，促进了各地音乐文化事业的建设与发展。

因此，大、中、小学利用手中的音乐专业办学条件，坚持举办各种形式，针对不同年龄、水平人群的业余音乐教育，也是贺绿汀大、中、小学"一条龙"式教育体系中不可分割的重要组成部分。这种完整、系统的业余音乐教育配套建制，不仅可以为专业音乐学校培养后备学员，而且也是对整个社会进行美育教育的一种具体形式。

开展高等院校理论研究工作

劳动可以磨炼学生的意志，培养学生社会化人格，可以使学生在劳动过程中充分体验到人生价值的存在。它使学生消除那些好逸恶劳、不劳而获、贪图享乐的思想。让学生在劳动实践中感受和体验人生价值、社会价值，逐步使他们形成属于自己的正确的人生观、价值观、道德观和世界观。

党的教育方针明确提出了教育"必须与生产劳动相结合"的要求，它也是实现人的全面发展的唯一途径。从工科类院校来说，根据党的教育方针，总结出了教学、科研、生产三结合的人才培养模式，或称"产、学、研三结合"模式。而贺绿汀从音乐艺术类院校的角度，针对培养全面发展型的音乐类专门人才，提出了高校要开展科学研究，要建立音乐教学科研实验基地的思想。这是音乐艺术类院校贯彻党的教育方针，同时结合自身情况所提出的创造性的教育新方法。

贺绿汀在1963年撰写的《致上海市委教卫部领导同志》的一封信里，已经鲜明地提出了要把音乐科学研究工作，提高到作为高等音乐院校的根本任务这一高度来看待的观点。信中谈到，高等院校"应该又是教育机关，又是科学研究机关"，"它的任务是既要培养人才，又要联系具体实际进行科学研究，为建立自己新的民族音乐文化打下基础"。可见，在贺绿汀眼里，理论研究工作和高等教育本身是一个有机整体，没有学术高地和学科带头人的高等院校怎么能始终站在专业知识的最前沿来培养自己的尖端人才呢？所以，自中华人民共和国成立初期，贺绿汀就十分重视在高校里加强音乐科学研究工作，他结合实际，因地制宜地采取了一系列措施。

中华人民共和国成立之初，科研条件十分局限，由于旧中国的音乐出版事业很不发达，希望提高自身音乐理论修养的广大在职音乐工作干部都苦于买不到必要的学习资料；而另一方面，当时西方国家对我国实行全面封锁，国家财政困难，外汇储备较少，想要购置国外出版的外文音乐书籍，是难上加难。即使偶尔拿到了全外文版的进口音乐图书，对于很多根本不懂外文的音乐工作者来说，也是毫无意义。在这种实际情况下，贺绿汀当机立断认为要立足于"自救法"，紧急招聘擅长外文的专业人才。1950年9月，上海音乐学院通过登报公开招聘的方式，引进了一批外文翻译的人才。招聘考试是由学贯中西的著名音乐家沈知白教授亲自主持的，择优录取的翻译人员组成了编译组（后改称编译室），作为沈知白教授领导的音乐研究室的部分成员。其后，在贺绿汀的直接关心指导下，编译室有目的、有计划、有选择、有重点地翻译引进了十多部英、美、法、俄等国家的相关音乐典籍名著，先后出版了"音乐技术理论"和"音乐历史传记"两套丛书以及一本集体合译的音乐大辞典。这些宝贵的学习资料为我国20世纪五六十年代高等音乐院校的教学、科研和社会音乐知识普及等工作都提供了可资借鉴的示范教材、基础内容。此项举措，不光是解决了相关音乐著作紧缺的燃眉之急，还为我国培养出了第一代音乐翻译方面的专门人才，其中顾连理、吴佩华等成长为我国颇有建树的音乐翻译家。

1989 年 1 月，东方音乐学会第二届年会

　　除了注重引进西方先进的音乐知识体系，贺绿汀也从来没有忘却我们中华民族自己的丰富音乐宝藏，在他的倡导下，上海音乐学院民族音乐研究室于 1954 年成立。民族音乐研究室所展开的大量建设性的工作，在前面归纳贺绿汀建设民族音乐教育规范体系的内容中已经谈及，这里就不再赘述。

　　为了把高等音乐院校内的教学活动和真正的舞台音乐艺术实践很好地结合在一起，贺绿汀认为建立一个音乐教学科研实验基地是非常必要的。这也符合党的"教育必须与生产劳动相结合"的教育方针，是这一方针在音乐艺术类院校的实际体现。对于专业学习音乐艺术知识的学生来讲，他们的生产劳动实践也包括艺术演出的实践，他们今后所要从事的本来就是人类精神领域的创造劳动，如果不在学习的同时，经常参与艺术实践，那么他们将无法创作出观众喜闻乐见的艺术作品。只有建立这样的实验基地，

1983 年 10 月，贺绿汀在上海乐团排练新作

才能切实研究和提高我们自己的音乐表演艺术水平，学生们也才有机会一边学习一边参与演出实践，从而获得全方位的音乐表演知识和体验。

这种重视实战经验的做法，在西方国家也已发展得相当完善，大部分西方的高等音乐院校都拥有自己的乐团，而且门类众多，有交响乐团、歌剧团、轻音乐团、室内乐团、爵士乐团、歌舞剧团等等，可供学生们按照自己的专业或兴趣选择参与。1950 年，以贺绿汀和著名声乐表演艺术家周小燕担任正、副团长的上海音乐学院"音乐工作团"成立，这正是贺绿汀规划建立上音自己的乐团的第一步。后来，1960 年又一度建立"上音实验乐团"。在这一思路的指导发展下，如今，上海音乐学院已拥有以学生为主体的六个艺术表演团体，分别是：上海青年交响乐团、上海音乐学院新室内乐团、打击乐团、弦乐四重奏组、民族乐团和合唱团。他们正以扎实的基本功、良好的艺术修养、朝气蓬勃的精神面貌出现在国内外的各个舞台上，受到业界的好评和观众的欢迎。

1955年，贺绿汀亲自为上海音乐学院校刊《上音》撰写"发刊词"，指出对于高校自身的理论研究成果发表、探讨以及推广等，自办一份高质量的校刊是很有益处的。在"发刊词"中，贺绿汀全面地总结了创办《上音》校刊的目的和功能：

> 我们必须要自己有一个刊物，通过它来团结教育全院师生员工，通过它来贯彻党和政府的高等教育的方针政策，学习苏联先进经验，推进教学改革，交流教学经验与工作经验，展开思想上及学术上的讨论，介绍学校各方面的生活，反映批评与建议。

综上所述，我们可以看到，贺绿汀所重视的音乐理论研究工作，全部是和具体实践相结合的项目。而在高校内深入开展理论研究工作的指向，就是为了解决实际问题。没有理论学习资料，就组织翻译人才大量引进翻译国外的优秀音乐著作，"自己动手，丰衣足食"；在校园里普及了民族民间音乐感性认识后，需要升华到理性认识高度就成立自己的民族音乐研究室，同时开展采集、录制、整理大量民歌、器乐、戏曲、曲艺、歌舞等音乐资料的"拯救民族音乐文化遗产"的工作；进口的西洋乐器短缺，就开发乐器制作研究室，填补我国提琴生产的空白；为了使学生们在高校学习时能有更多舞台表演实践机会，就成立自己的实验乐团。每一项贺绿汀所倡导的理论研究工作，都是从实践中来，到实践中去。不能不感叹，贺绿汀在自己的教育思想和教学实践中，一以贯之地发挥出了马克思主义和唯物主义思想的巨大能量，将"实践"与"真知"完美地交融在了一起。

1982 年 6 月，贺绿汀与评弹艺术家徐丽仙交流

1984 年 6 月，贺绿汀从事音乐活动六十年

1987 年 12 月，校庆六十周年，作曲系老校友欢聚一堂

1992 年 11 月，贺绿汀音乐教育思想座谈会

贺绿汀在教学实践中，还很强调对于音乐技巧的掌握问题，并把这种要求提升到了理论高度。早在 1934 年贺绿汀自己撰写的第一篇音乐论文中，他就提出要"把握住现代中国的时代精神的脉搏，以成熟的技巧，热烈的情绪，反映我们伟大的时代，去担负起创造新中国音乐的使命"。后来，他又多次谈到音乐技巧问题："无论何种艺术，没有充分的技巧，不管你内容如何丰富，如何好，是没有办法表现出来的。充实的内容与成熟的技巧是任何成功的艺术品所不可缺少的条件。"并且，贺绿汀一直非常反对"学习技术就被称为技术观点，学习外国音乐就叫'洋教条'，'提高'即等于脱离群众"等论点。在《关于教育的一封信》中，他指出"音乐艺术与其他文学、戏剧等艺术不尽相同，它自身尚存在着极其严格的技术问题必须解决"，"音乐是最需要技术锻炼的艺术，技术之有无与技术之高下在音乐艺术中起着主要的、决定的作用"，"技术愈高愈熟练就愈能表现音乐的内容"。反之，"那些不愿意下苦功去锻炼技术与学习音乐业务的人，就不可能希望变成最好的演奏家和作曲家"，"因此，我们就应该鼓励学习技术，提高技术，反对不学技术的懒汉"。

关注普及音乐美育

　　贺绿汀一生都没有脱离过教育实践，并且他擅长在教学活动中总结经验，开发出适应实际情况的教学方法和教材内容。

　　20 世纪 30 年代后期，他在重庆育才学校主持音乐组的教学工作。音乐组的学员都是来自各个不同保育院的战时难童，小的九岁十岁，大的也不过十三四岁。这些孩子都是一点没有接受过专业音乐教育启蒙的小"音盲"，根本不懂音乐为何物。学校的教学条件也很艰苦，只有三架极为破旧的钢琴和几架风琴。贺绿汀就根据孩子们的实际水平，自己研发创造出一套特别的教学方法，即：先让孩子们只学视唱练耳和钢琴演奏，通过这两门操作性、直观性很强的课程，让孩子们逐步掌握有关基本乐理方面的知识，完成对音乐从感性认识到理性认识的飞跃。他的教学方法很灵活，在要求同学们严格进行技术训练的同时，也十分注重寓思想教育于艺术教育之中。比如上课时，就经常讲授一些大音乐家从小刻苦努力求学的故事，来勉励孩子们追求上进。他非常重视扩大学生们的知识面，要他们立志做一个有全面修养的音乐工作者，而不是只知道钻研技术的音乐匠人。贺绿汀独创的、打破常规的教学方法得到育才学校校长、著名儿童教育家陶行知先生的大力赞赏。并且，事实证明它对于初学音乐的懵懂少年来说，是行之有效的。

　　贺绿汀在生活中非常爱护学生，既关心他们的学习，也关心他们的健康，对学生常常是比对待自己的孩子还要好。在育才学校的时候，虽然他自己的生活条件已是相当清苦，还患上了肺病，但为了给正在成长发育的学生们多补充点营养，他总是把自己亲手种植的西红柿、辣椒等蔬菜以及羊奶、鸡蛋等分送给同学们吃，还让一位体质羸弱的女学生每天到他家吃午饭。逢年过节，也总是请学生们到家里聚会聊天。"皖南事变"以后，贺绿汀被迫离开育才学校，但他一直牵挂着那里音乐组的全体师生。1946年，他专门从延安托人带给育才学校的孩子们一封亲笔信，在信中他深情寄语："希望全组同学能在团结、友爱、互助的三个原则下彻底反省自己，每一个人都应当有牺牲个人私利，帮助同学的最高热忱。""音乐方面的事业是要一群人才能做起来，单独一个人是不能起什么作用的"，希望同学们"谦逊、虚心、不停地努力学习，把学校当成自己永久的家"。现如今，育才学校音乐组的同学们也年逾古稀了，但每当他们忆及贺绿汀的亲切关怀和谆谆教诲，仍是满怀感激之情。

对于一般大众的音乐普及教育——包括学龄前的幼儿音乐教育，普通中小学生音乐美育以及针对普通爱乐群众的音乐普及，贺绿汀始终给予了极大的关注。在前文中，已经述及贺绿汀提出的大、中、小学"一条龙"教育体系以及他进行的相应教育实践，也谈到了中小学业余音乐美育所能承担的为普通群众提供接受音乐教育机会的职能。然而，各式学校所能进行的音乐教育活动，仍然只是社会音乐教育普及活动中的一个方面。对于学龄前儿童、中小学生，还有普通爱乐大众的音乐美育普及工作，更是"关系到整个后代文化修养、思想境界和道德品质的大事"，因此"决不能可有可无，等闲视之"。贺绿汀认为，高度发达的民族音乐文化

1985年8月，奥尔夫教学法汇报会后，贺绿汀上台与德国专家施耐特夫人拥抱

应该是金字塔形的，有宽厚的塔基、坚实的塔身和高耸的塔尖，而对于少年儿童的音乐教育就是金字塔的"塔基"。因而，抓好针对少年儿童的音乐教育，就是提高全民族音乐文化水平的关键。

贺绿汀常常念叨自己就是小学教员出身，在自己的教学实践中他发现，"在让学生全面发展的教育中，音乐教育对儿童智力开发具有特殊的作用，它能促进儿童智力的发展"。自幼教开始说起："从幼儿园开始，通过音乐、舞蹈来培养儿童对文艺的爱好，养成他们对音乐、舞蹈甚至绘画、科学等方面的兴趣，对陶冶他们的思想、品德，是十分必要的。"

对于改进中小学音乐教育，贺绿汀更是不遗余力。自改革开放以来，他完全不顾自己年逾八十、身体状况也大不如前的情况，两次专程去福建参加该省第二次中小学音乐教育座谈会和全国中等师范音乐教材讲习会，还自己奔赴一些省、市、自治区进行调查研究。每到一处，就在当地举行中小学音乐教育座谈会，了解各方面情况，听取大家的意见。回家以后，就根据这些第一手的材料撰写文章，向有关部门以及媒体反映真实情况，提出解决办法。他在 1979 年 9 月上海召开的一次关于中小学音乐教育问题的座谈会上指出：

> 音乐教材的编辑工作也应予以充分的重视，因为要提高音乐教学质量，就必须有一套比较稳定的教材。……我们的音乐专家也应该像当年的黄自等人那样，关心甚至参与音乐教材的编写工作。而现在编写的教材应该比过去更有全面的音乐知识，更有较长期的稳定性。编写教材时眼光要更开放些，可以广泛参考其他国家的同类音乐教材，吸取其长处，不要闭门造车。

同时，他还十分关心中小学音乐教师的经济待遇问题，为切实改善教师们的生活、工作条件，以及提高他们的业务水平与社会地位，贺绿汀不遗余力地奔走呼吁。他曾以上海为例说："上海市有中学、小学、幼儿园 4873 所，中、小、幼音乐教师 6307 人，这是一支十分庞大的队伍。这个队伍搞好了，力量充分发挥出来，不但可以改变上海音乐教育的面貌，还可以对全国的音乐教育起促进作用 …… 中小幼音乐教师的地位应该提高，不得歧视他们 …… 应该有和其他教师一样的待遇。"

而为了更好地统一规划全国的中小学音乐教育事业，贺绿汀建议"教育部本身，要有一个领导学校音乐教育的机构"，方便"经常掌握全国各省（市、区）城市和农村学校以及世界音乐教育情况"，这一机构须设立一份自己的刊物，"了解全国情况，及时反映给领导和地方"，同时"刊物沟通各地，各地关于音乐教育的论文也可在刊物上发表"；还应该成立"由全国师范大学（学

1993年12月旅美校友看望贺绿汀（左三）

院）音乐系和一些优秀的中小学音乐教师代表组成"的"全国性的音乐教育委员会"，"每年开会一次，讨论大政方针，教学方法"，"以利于交流经验，不断制订和改进教学方案"。"有条件的地方"，可以"先成立中小幼音乐教育研究机构，研究中小幼音乐教育的发展问题，并介绍国外先进的教育方法和制度，如奥尔夫、柯达伊、铃木等学派，出版定期音乐教育刊物"。后来，上海率先采纳了贺绿汀的建议，于1982年成立了"上海市中小幼音乐教育研究会"，并推选贺绿汀为会长；浙江音协创办了《中小学音乐教育》刊物，一直延续至今。

　　贺绿汀对于中小学音乐美育的思考，还表现在营造综合的音乐教育环境上，即发展中小学业余音乐教育。改革开放以后，对于商业性流行音乐的涌入，他表示出了自己的担心："曾经有一个时期，一些年轻人，留着长发，戴黑眼镜，穿喇叭裤，手里提个录

1992 年 7 月，贺绿汀音乐生涯七十年

音机。录音机里播放的是什么东西呢？那就是商业性的流行音乐。有些歌唱家也学着唱，连小学生也哼着他们无法理解其内容的爱情歌曲，实在是可悲得很！……商业性的流行音乐就乘虚而入……"面对这样一种音乐生活的现实状况，他一再强调："现在党中央提出要提高整个中华民族的科学文化水平，音乐水平的提高也是一个方面。我认为，现在除加强正常的音乐课程外，还应该特别重视学生的课余音乐活动。……校外的教育单位如青年宫、少年宫还可以为中小学生办些课余的钢琴、小提琴、民族器乐、合唱之类的训练班。如果再定期举行一些单项的音乐比赛，则对提高学生的音乐兴趣将更有促进作用。"这些具有前瞻性的真知灼见，在今天已经一条一条逐渐变为现实。

贺绿汀从事音乐工作近八十载，其中大部分时期都在教育岗位上度过。他作为教育家所表现出来的高度自觉的无私奉献精神

1992 年 7 月，贺绿汀音乐生涯七十年

和所取得的成绩有目共睹。在贺绿汀身上，一些截然不同的性格侧面，却构成了一个极为丰满和谐的和弦。作为一位革命者，他捍卫真理的性格是那么的倔强；作为一位艺术家，他极为细腻、敏感、婉约的审美个性彰显无遗；作为一位教育工作者，他的历史使命感与时代责任感似乎是与生俱来的，通过其教育理念传达出的理性思维一面又被他极致地展现。

贺绿汀在其九十华诞时曾说过这样一段话：

整个二十世纪在中国是狂风暴雨的时代，比起那些在革命前方冲锋陷阵的战士来，我不过是一旁呐喊助威而已。多少同志在革命浪潮中牺牲了，我居然活到现在，也算是漏网之鱼。比起革命前辈来我自己感到十分惭愧，因为没有什么大的贡献。我虽然努力学习，究竟年龄大，比起许多同行来差距很大。中国音乐文化建设，主要还是靠年轻一代。现在已经出现了很有才能的年轻人，并

1982 年 10 月的贺绿汀

且已经引起国际上的重视。现代化经济建设是中心，特别是 1992 年以来，全国和上海经济建设迅速发展，但是没有精神文明的建设，社会主义经济建设不能得到保证。因此，如何有效地继承自己民族遗产，发展社会主义经济文化，应该引起领导上十分重视，要爱惜人才。

在史学上，为了凸显一段辉煌的历史，大家习惯冠以伟人的名字予以纪念，在中国的音乐文化发展史上，我们会铭记那段"贺绿汀时代"。

第三章 ｜ 贺绿汀的音乐创作与代表作品

贺绿汀是20世纪中国现代音乐文化事业建设的践行者与亲历者，其音乐作品无论在学院传承还是大众传播中都成为中国音乐艺术的经典记忆与时代之声。其丰厚的理论著述与深远的音乐思想，皆以音乐艺术自身发展规律为基础，针砭时弊地在古今中西之中坚定地寻找中国音乐在当代的位置与核心要义。

音乐创作的前景

作为 20 世纪中国著名作曲家、理论家、教育家、活动家，贺绿汀不仅在中国音乐界享有崇高威望，而且在世界乐坛中产生了广泛且深远的影响。1934 年他创作的钢琴音乐作品《牧童短笛》，在中国和世界乐坛上展现了现代中国音乐创作新生力量。那个骑坐在老牛背上横吹笛子的孩童 成了 20 世纪中国音乐开创性的经典意象。

《牧童短笛》的成功与贺绿汀是上海国立音专理论作曲专业"科班"出身和对民间音乐发自内心的热爱是分不开的。早年对家乡民间音乐的深刻记忆，在历经严谨的学院化专业学术训练与系统的技术理论学习后得到了升华。此后，又在持续不断的理论研究与创作实践中，贺绿汀逐渐确立了我国自主培养的第一代专业作曲家的身份，尤其是 1934 年凭借"中国风味钢琴曲"征求比赛头奖的名声，贺绿汀才以青年作曲家身份"破圈"，这才公开出版了此前他所翻译的《和声学理论及其应用》（普劳特著）一书。随后开始进入电影音乐创作领域，写下了《天涯歌女》《四季歌》《春天里》《秋水伊人》《垦春泥》等朗朗上口、广为传唱的电影歌曲。不久后，在抗日战争胶着状态下，留下了跨越时空至今回响的《游击队歌》《嘉陵江上》等鲜明音乐形象与歌唱记忆，还有《森吉德玛》《晚会》等一批管弦乐作品的创作，为中国音乐交响化的探索做出了重要贡献。接下来，本书将从贺绿汀音乐创作的黄金时期代表作品着眼，串联起流动的时代声音。这些令人记忆深刻的经典曲调，将学院化的舞台表演形式与更广泛的大众音乐生活联系在一起，通过钢琴、小提琴、管弦乐、合唱、独唱等形式，提升和丰富了人民大众的音乐生活。

1930 年，贺绿汀抵达上海后，就报考了国立音专的理论作曲组。当时的组主任黄自先生曾立下规定：

> 理论作曲必须循序渐进，和声学是一种极为必要的音乐理论知识和基本技能。学生必须学完和声学课程以后，才能招进理论作曲组，而且是先进高中预科班。

当时理论作曲专业并不直接向社会招生，而是须在通过和声学考试后才能入学，因此贺绿汀开始刻苦钻研、自学和声，次年春天顺利入学，师从理论作曲组黄自先生。重视体系化的西方作曲技术理论训练与学习，是国立音专自创立以来始终坚守的重要学术传统，这也为贺绿汀日后的音乐创作打下了坚实有序的理论谱系与技术基础。

毕业于清华大学，后留学欧美成为中国留学生中第一位获得作曲专业学位的黄自先生，1929 年学成归国时年仅 25 岁。贺绿汀比他的导师还大一岁。1930 年，黄自受萧友梅先生之邀到国立音专担任教务主任。国立音专特为其到来而新增设理论作曲组，由其担任理论作曲组主任一职，旨在"教授音乐理论及技术，养成专门人才"。黄自先生在此期间不仅承担了繁重的行政工作，同时还包揽了理论作曲组全部科目以及相关全院大课的教学，如和声学、对位法、音乐史、领略法（音乐欣赏）、高级和声学、键盘和声、单对位法、复对位法、赋格、曲体学、乐器法、配器法、自由作曲等多达十几门课程，其中许多课程都是首次在中国专业音乐院

1985 年 11 月，贺绿汀与黄自夫人汪颐年

校开设，这也使得黄自先生成了第一位系统地、全面地向国内学子传授欧美近代专业作曲技术理论，并有着建立中国民族乐派抱负的奠基性作曲家、理论家、教育家。1930 年至 1938 年黄自先生因病离世，先后考入理论作曲组的有贺绿汀、江定仙、陈田鹤、刘雪庵、向隅、钱仁康等。他们是这一时期最直接的受益者和首批由中国人自己培养的专业作曲家、理论家。贺绿汀曾感慨道："国立音专能有后来的成绩与黄自先生的功绩密不可分，抗战前后中国各地的音乐指导、作曲、歌咏运动者，莫不直接或间接受他的指导。"理论作曲的系统教学独有国立音专一家，黄自先生也自然成了当时许多中国青年作曲家心中占据重要地位的"导师"。

"那时有钱人家的子弟都学声乐；贫寒家的孩子才学作曲"—— 这似乎成了刚入学时贺绿汀的真实写照：一身布衣，不修边幅，一眼就能看出他是从内陆到沪上求学的农村青年，站在西装革履的同学中间，显得格格不入，但却举止泰然自若，眼神笃

1984 年 6 月 8 日，萧友梅诞辰 100 周年、黄自诞辰 80 周年纪念会

定自信。与今日高等院校有着丰富的理论教材的现状不同，当时的国立音专理论作曲组才创立不久，行政、教学、创作一肩挑的黄自先生手边也并无现成可用的中文理论教材，在老师的鼓励下，贺绿汀决心利用课余时间系统学习和翻译英国理论家、作曲家普劳特的大部头著作《和声学理论与实用》一书。当时的翻译者大多是留洋或系统学习过英文的师生，像贺绿汀这样自学出家，边学边翻，历时两年将 20 余万字的音乐理论专著进行完整翻译的情况是鲜有的。由于战乱和家庭经济负担等原因，贺绿汀在翻译期间曾一度到武昌艺专教课，武昌城傍水而建，所以夏天蚊子非常多，即使穿了袜子也难防蚊子的叮咬，贺绿汀索性蜷起腿来，缩短驱赶蚊子的防线和挥扇范围。正是在这样每日的搏斗中，他完成了 400 多页的译稿，这一幕"站凳挥蚊译和声"的情景，就是贺绿汀坚毅刻苦性情的真实写照。如何能够将所学知识转化为自己所用？贺绿汀曾就和声的学习谈及旋律的写作问题，他认为：

　　　写旋律本来也不是一件很容易的事情，假如要把旋律写得好，最好同时要学习和声学，因为有了和声的知识，无论在处理静止法（即终止式）上、旋律发展上都有很大的帮助。

通过这些文字，可以看到贺绿汀中学为体、西学为用的精神理念，在活学活用之中将西方理论技术转化为一种具有创造意识的音乐语言的理性思考过程。

《和声学理论与实用》由黄自先生担任校订并作序，期间他还亲自把上面的练习题从头到尾做了三遍，后经由萧友梅先生介绍，两年后在商务印书馆出版，成了我国第一部把欧洲近代和声理论完整系统地引进并应用于音乐学院教学的理论教材，直至 1940 年以后弗兰尔克、谭小麟来校任教前，国立音专理论作曲组教学大都以贺绿汀翻译的这本和声著作为主要教材。桑桐先生与当时还在就读的几位作曲系同学还曾自我嘲讽为"普老"，更是一度将学生宿舍命名为"普公馆"。抗战时期，贺绿汀翻译的这本理论著作也在苏北、重庆、延安等地起到过重要作用。

乐坛新星

1934 年春，著名的美籍俄裔作曲家、钢琴家、指挥家齐尔品先生以中国为起点开启了他的世界巡回音乐会。尽管早些年梅兰芳访美时（1930 年）中国传统音乐已经在当地引起了巨大轰动，但他仍然无法预料几年后亲自来到中国后，再度被中国音乐深深吸引。齐尔品在这次中国之旅中，曾随曹安和学习琵琶，观看了皮影戏、木偶戏、评剧等传统艺术，还按中国习俗拜京剧大师齐如山先生为师，齐尔品的中文名字就是由齐如山先生所取。

1934 年 5 月 4 日，齐尔品应邀在国立音专礼堂内开了一场全由他自己创作的钢琴作品演奏会，随后致函萧友梅先生，想委托其举办一场"征求有中国风味之钢琴曲"的比赛：

亲爱的萧友梅先生：

我写这封信给您，是请您筹划一个以创作具有中国民族风格音乐为目的的比赛。这位用民族风格创作钢琴曲的中国作曲家将获得一百银元奖金，乐曲长度不宜超过五分钟。

应征的手稿不应具名，作者的姓名应随稿附上，但手稿另行编号以识别。截稿日期为 9 月 15 日。届时请您组织一个评审委员会，以评定作品的名次，如果我能成为其中之一将深感荣幸。

希望通过这个比赛，将有一首中国乐曲能成为我在各国巡演种的保留作品。通过学习与研究，我对中国音乐心怀无比尊重。

　　衷心感谢您的帮助，并盼望九月底能再见到您。

齐尔品谨上

同年 7 月，贺绿汀在上海国立音专音乐艺文社编的《音乐杂志》中看到这则启事：

征求有中国风味之钢琴曲启事

　　（一）　投稿人以中国人为限。

　　（二）　乐曲须有中国风味。

　　（三）　曲体、作法不拘（单音调除外），长度以不超过五分钟为限。

　　（四）　收稿处：国立音乐专科学校校长室。（上海拉菲德路一三二五号，需用挂号寄来）

　　（五）　日期：本年 9 月 15 日截止。

　　（六）　具名：曲上一概不得具名，作曲者，须将姓名及详细地址，另书一条，用小封筒密封附缴。

　　（七）　审查及报酬：9 月底由征求者组织委员会评定，最优者奉赠奖金国币一百元。

　　（八）　版权：得奖作品版权由作者保留，如委员会认为特别优良时，由发起人介绍至欧美出版，版税或版权仍由作者收领。

A. Tcherepnin（齐尔品）启

　　由齐尔品署名的征求"有中国风味之钢琴曲"创作活动，是中国自西方乐器传入以来第一次举办钢琴音乐创作比赛，这次比赛距离国立音专理论作曲组设立才短短三四年时间，尚处于现代音乐萌芽状态的中国乐坛，如何用钢琴作为载体创作出具有中国民族特点的复调音乐这一命题，引起了贺绿汀的极大兴趣。

1934 年的夏天，是上海有历史记录的极端酷暑，近两个月时间连续高温 35 摄氏度以上，还出现了当时有气象记录以来历史最高气温 40.2 摄氏度。9 月的一天，贺绿汀顶着烈日来到文庙路，听了一场祭祀孔子典礼中的古乐演奏。演奏者是当时享有盛誉的、以复兴中华国乐为宗旨的乐社大同乐会。贺绿汀在听完演出后认为，要谨慎对待"今不如古"的观念，并奋力创造能够代表中国的民族特性的音乐出来。正是基于所学知识与音乐理想，贺绿汀的《牧童短笛》《摇篮曲》《怀念》（又名《思往日》）三首钢琴曲成了中西音乐文化碰撞与交汇中产生的结晶。从单声思维到多声思维，从中国民族乐器到西方键盘乐器，从民族音乐语汇到现代音乐作品，在古、今、中、西交汇的十字路口，贺绿汀提交了他自己的答卷。此前在国立音专学习创作的多是以古诗词为基础的艺术歌曲形式，如《忆秦娥·箫声咽》（唐李白）、《归国谣·江水碧》（南唐冯延巳）等，这是贺绿汀第一次尝试钢琴音乐创作。

参与征求"有中国风味之钢琴曲"启事的钢琴作品一共 11 首，其中有贺绿汀的 3 首作品。从曲名及意趣上，3 首作品与贺绿汀的童年时光和故土乡情有着较深的内在情感勾连 —— 因为他的父亲也在这一年夏天永远地离开了。11 月初，受齐尔品之托，萧友梅先生组织了由黄自、萧友梅、查哈罗夫、阿萨科夫、齐尔品五位专家组成的评审委员会。评委会的工作顺序先按照来稿次序编号，然后从中选择若干首优秀作品，由齐尔品确定入选曲目数量，最后再到音专礼堂召开作品审查会。其中，获得投票最多的作品经查哈罗夫、齐尔品两位俄籍钢琴家分别弹奏一遍后，评委会首先确定了头奖作品。为了鼓励其他入选的四位青年作曲家，齐尔品决定追加二等奖四名、荣誉二等奖一名及奖金若干。

获奖作品确认后，由萧友梅先生将密封的作者姓名和住址拆开当众宣布：

头奖——第9号《牧童短笛》，贺绿汀，现在国立音专理论课学习。

二等奖——第3号《c小调变奏曲》，俞便民，音专肄业，现读于江沪大学。第6号《牧童之乐》，老志诚，北平（毕业于北京师范学院，时在京华美术学院音乐系任教）。第1号《序曲》，陈田鹤，音专肄业，现任武昌艺术专科学校教员。第7号《摇篮曲》，江定仙，音专肄业，现任陕西省教育厅编辑。

名誉二等奖第10号《摇篮曲》，贺绿汀。

通过以上获奖名单可以看到，贺绿汀的《牧童短笛》与《摇篮曲》同时获得了此次比赛的头奖和二等奖，一鸣惊人！作为在中国唯一音乐学府中首次举办的现代音乐创作比赛，颁奖仪式将在两周后与国立音专成立七周年校庆纪念音乐会一并在上海新亚酒店礼堂举行。正是这场隆重的颁奖仪式，使贺绿汀和《牧童短笛》成了轰动中国乐坛的重要事件，乐曲中刻画的牧童形象在中国钢琴音乐创作百年进程中有着不可替代的历史地位与独特的听觉画面感。《新夜报》上有一篇记录当时情况的报道，将贺绿汀在礼堂中的处境与形象进行了轮廓式的简短勾画：

在众目睽睽的演台上面出现了一个黄瘦的青年，他不大修饰，头发既不是艺术家地蓬松，也没有涂司丹康，平凡、拘谨，甚至看起来有点瑟缩地领了奖，又弹奏他得头奖的《牧童短笛》……

贺绿汀还是当年入学时候的模样，但如今的他和他的音乐作品已经响彻街头巷尾，成了中国乐坛的新星与时代印记。

《牧童短笛》虽然在整体布局上按比赛要求借用了相应的西方音乐作曲技法，但其对"中国风格"的理解，建立在富有浓厚民间音乐表现特点的音色音响、句法结构、节奏速度、旋律音调、演奏手法等方面。作为我国第一首享誉国际并冠以"中国"之名的钢琴曲，乐曲充分利用了钢琴这件乐器在音色音响上的特点，从气息上把握乐句内部的离合交织，尤其在旋律音调、节奏音型的细节处理，与"小牧童，骑牛背，短笛无腔信口吹"词意中自在、天真、无忧无虑的牧童形象极其吻合。在钢琴这件西方乐器的演奏下，《牧童短笛》成功塑造了一个典型的中国乡间牧童放牛时的生动情态，成了 20 世纪中国钢琴音乐创作中出现的第一个具有标志性的艺术形象，为中国青年作曲家、演奏家指明了一条可借鉴的中国音乐创作的道路，增添了中国音乐演绎、创作实践、国际传播等诸多方面的方向感与自信心。

这次评选活动，使贺绿汀在音乐会、唱片、电台、广播、报纸的广泛宣传中，成了校园中无人不晓的乐坛新星，《牧童短笛》也成了人人争相弹奏的中国钢琴作品与音乐会必弹的经典曲目。这次评选活动中脱颖而出的钢琴曲，首次向各界展示了中国青年作曲家的才华与中国音乐未来发展的前景，并在钢琴这类西方乐器上郑重宣告中国当代音乐作品的存在及其成就，不论在当时还是今日回看都意义重大，为中国音乐进入国际乐坛打开了大门，是中国音乐创作新生力量的显现。

颁奖典礼之后，《牧童短笛》还被齐尔品列为世界巡演隆重推出的中国音乐作品与保留曲目，先后将作品带到巴黎、柏林、慕尼黑、维也纳、日内瓦、阿姆斯特丹、纽约等欧美城市作为巡回演出的节目，通过音乐会和电台介绍给外国听众。其中《牧童短笛》《思往日》在东京以"Modern Chinese Music"为题在龙吟社（Ryuginsha）出版，是第一批在国外出版的中国作曲家的个人作品集，乐谱同时在维也纳、巴黎、纽约发行。此外，齐尔品还在美国《音乐季刊》(Music Quarterly)上发表《音乐在当代中国》(Music in Modern China)一文中专门介绍贺绿汀和他的《牧童短笛》，这也使得作曲家和作品被更多地人认识和聆听。

全国传唱

自 20 世纪初电影技术传入与唱片在中国投产，中国电影艺术同西方世界一样先后历经了从早期的默片到蜡盘配乐再到电影配乐的发展过程。20 世纪 30 年代，电影、唱片公司与无线电台在中国得到了迅速发展，并广泛影响了以上海为中心的中国城市音乐生活。

随着抗日战争的爆发，电影成了宣传爱国思想的重要途径之一，许多左翼音乐组织创作的爱国歌曲都通过在影片中插放一两首歌曲的形式，唱出大众心声的同时鼓舞人们团结奋斗，如任光的《渔光曲》、聂耳的《义勇军进行曲》等等。1934 年，正是聂耳创作上最旺盛的时期，他介绍贺绿汀为明星影片公司拍摄的影片《船家女》作曲，贺绿汀由此开始踏入电影音乐的创作。

1935 年电通影片公司拍摄了有声片《都市风光》，这是我国第一部音乐喜剧片和第一部由专人作曲的影片，影片中的片头音乐《都市风光幻想曲》由黄自创作，赵元任写的主题歌《西洋镜歌》，其他配乐由贺绿汀完成，因而被学者认为是"中国第一部全面认识并发挥了音乐艺术在电影艺术中所应有的作用的影片"（江定仙）。在此之前，几乎没有专门的音乐创作用以描写剧中人物动作、心理变化以及场景转换的影片，而是选用现成唱片配音，即所谓蜡盘配乐。贺绿汀曾直言到，这种硬找几张唱片插进去的方式，尽管偶尔能够获得剧情上的效果，但终究是"牵着黄牛作马骑"，并且有时哪怕是跑遍了所有唱片公司，听过几百张唱片，也难以寻得理想的一张唱片。当时国际电影节的先声已经开启，将中国影片放置在当时世界电影竞赛之中，音乐显然相较于编剧、导演、表演等方面滞后，视觉和听觉的错位经常引得笑话百出。这种现状令贺绿汀感觉到十分苦恼，他认为作为一名音乐学院学习理论作曲专业的学生应该做出一些尝试，这也是他当时花很多精力投入到电影音乐创作之中的真实心理表现。

大量的材料表明，1935 年—1937 年，贺绿汀写过 16 部电影音乐，4 部话剧音乐，3 年时间创作 20 部戏剧音乐作品，平均每年 7 部，每两个月完成一部作品。这些数据足以见得贺绿汀当时的工作量之重、创作数量之多、音乐质量之高，这都与当时贺绿汀一边在明星影片公司从事电影音乐工作，一边仍在上海国立音专师从黄自选修理论作曲，长期在理论与实践的双向检验中提升有着密切联系。贺绿汀利用为影片配乐的难得机会，将在学校与书本上学到的理论知识与作曲技巧，尝试运用到电影音乐的创作中去，使学习与艺术实践紧密结合起来，并根据听到的视奏效果找出缺点，加以改进，在作曲、和声、乐器法、配器以至指挥等方面，得到了丰富经验与知识实践，为贺绿汀接下来的音乐创作和理论思考，都奠定了深厚的经验基础，这种经验在当时和当下都是难能可贵的。

1937 年由明星电影公司拍摄、袁牧之导演的《马路天使》是中国电影艺术发展的一个高峰，也是中国有声电影步入成熟期的重要标志。其中，由田汉作词、贺绿汀作曲的《四季歌》和《天涯歌女》的影响一度超越电影自身，"天涯呀海角""春季里来绿满窗"的旋律音调至今仍被人传唱，能经常在街头巷尾听到，广播、

《马路天使》剧照

电视、电影等媒体也总以这两首乐曲穿梭回一个年代或者江南意象之中。贺绿汀回忆说：

> 影片导演袁牧之找了两首苏州民谣，一首叫《哭七七》，一首叫《知心客》，要田汉根据原来的调子重新

填了词，拿来让我改编，作为片中的插曲，这就是后来的《四季歌》和《天涯歌女》。

贺绿汀认为在面对音乐创作时都应该秉持严肃认真的态度。在一次会议中他讲道：

> 创作歌曲就要注意，切忌写废音符，千万不要随意拼凑。下笔落纸的每一个音，都要经过严密的考虑，力求完整，做到增一字不可，减一字也不可。

贺绿汀也用实际行动，证明了这句话的内涵与意义。1937年，当贺绿汀接到袁牧之的诉求后，第一时间将当时各个唱片公司灌制的《哭七七》和《知心客》唱片统统收集起来，一遍遍反复地聆听，反复比较剖析不同版本演唱中的特色与优缺点，然后将每一个民间歌手演唱的优点统统集中起来，对这两首民歌的旋律进行艺术上的加工，力求乐曲整体的完整性，使之达到"增一字不可，减一字也不可"。从中可以窥见，在民间音乐的搜集、整理、鉴别、筛选、加工过程中，反映了贺绿汀深层次的音乐专业训练素养与面对民间音乐时的审慎态度。

当时的电影插曲往往都是先灌录唱片，等

《天涯歌女》唱片

到拍摄电影时就用这张唱片为演唱插曲的演员进行配音，由于当时唱片公司都由外商开办，技术设备比较好，相较于在摄影棚里现场录音，先灌录唱片在质量上更加清晰有保障一些。贺绿汀写完乐队伴奏后，电影主角歌女小红的扮演者、年仅 14 岁的周璇就开始练习演唱并准备灌录唱片。对于这一段往事，贺绿汀曾写道：

> 这两首插曲是由百代公司灌成唱片的。录音之前，我找周璇一起研究如何表情和如何唱法。她很灵，领悟力很强，学得也很快，对于作曲的意图和民谣的风格，稍经点拨，一下子就抓住了。对于用对位体的手法写成的乐队伴奏，尽管她没有受什么专业的音乐训练，合乐时也能够自如地适应，没有什么负担……平常录音，一般总是反反复复试录好多遍，而且唱起来很勉强，每每不能尽如人意。但是周璇却不然，试录一两遍就通过了，而且录得不错，唱得很有感情，很有味道。在此以前，本来还不大有人知道她，从这两首插曲随着影片的上演和唱片的发行而推向社会以后，她就很出名了。

从贺绿汀的叙述中，可以感受到他对演唱者在歌曲情感内容、演唱方法、风格韵味的处理与把握上有一定程度的要求，这些都沉淀在了唱片和影片之中。今天当歌声再响起时，我们仍能从周璇歌唱中对尖团字、中州韵恰如其分地运用，联想到剧中歌女小红的鲜明音乐形象，如《天涯歌女》中第一段的"天涯呀海角"中的"角"；第二段"家山呀北望"中的"北"、"泪呀泪沾襟"中的"泪"等等，可以看到贺绿汀敏锐地捕捉到了民间音乐演唱的特点，并将其与方言、体裁、地域特征相结合，同时还增添了一件具有标识性的江南小调常用的伴奏乐器——琵琶贯穿在乐曲伴奏之中，起到了非常好的效果。另一首《四季歌》的民歌原型为《哭七七》，本是一首典型的"孟姜女调"变体，原曲音乐形象是表现命运悲苦、刚刚逝夫的女性的叙事性歌曲，贺绿汀通过将演唱的音区翻高八度，同时增添润腔韵味的方式，对乐曲的整体音色音响与音乐形象塑造产生了色彩的转换。

银幕上歌女小红的扮演者周璇，因为贺绿汀写的这两首歌一夜成名，成为中国歌坛的"金嗓子"，电影上映后引起了广泛的社会影响。不久后，全面抗战爆发，《四季歌》《天涯歌女》在战火纷飞中成了爱国青年对"天涯海角觅知音""家山北望泪沾襟"等家国情怀隐喻的代名词，内敛的深厚情感也随之在歌声中传遍祖国大地。如今距离《四季歌》《天涯歌女》诞生已经 85 周年，这两首歌曲已然被镌刻成一个时代情感表述的声音标识，也是几代人内心精神家园与革命事业理想的花簇 ——"我好像听见了有人在唱《天涯歌女》"，这是临终前贺绿汀对女儿说的最后一句话。

走上前线

1937 年，全面抗战爆发，在民族生死存亡的关头与残酷的战争现实面前，文艺工作者义不容辞地运用自己所学，来动员全国人民为自己的生存而战斗。当时的上海文化界为了配合全国抗日战争救亡宣传的工作，成立了十多个宣传队分散到内地和华北前线支援，称为"上海文化界救亡演剧队"，包含了音乐家、文学家、剧作家和演员等不同职业。由于当时群众中大多数人文化程度不高，所以大家联合起来通过戏剧表演、音乐、舞蹈和绘画等方式，进入内地和前线进行鼓动宣传。贺绿汀分在当时的上海救亡演剧队第一队，同行的还有崔嵬、丁里、王震之、欧阳山尊、李丽莲、陈默、宋之的和塞克等十余人。8 月 21 日贺绿汀抱着一架小提琴和演剧队一起乘火车到南京，当时南京也是兵荒马乱，白天满天都是各式各样的飞机，晚上则有空袭，因而停留不久就乘船去往武汉。路途中，贺绿汀指挥排练了很多抗日歌曲，为了教唱和定音，贺绿汀还买了一个音叉，每次教唱前都先掏出来在脑袋上敲一下再放到耳边听，他还为《黄浦江》《歌八百壮士》《全面抗战》《为祖国战争》等歌曲进行谱曲，并集体创作了三幕话剧《上海之战》和一些小的节目，沿线作流动性的演剧宣传。

除了音乐方面应该做的谱曲、指挥外，贺绿汀还偶尔登台跑龙套或者负责后台音响效果等工作，有时到了某地还会帮助当地的学生组织演剧队，教他们唱歌、演戏。他在演剧队中，从音乐、戏剧的创作、排练到演出，包括布景、灯光、音响效果、卖票、开座谈会，一直到打前站、搬行李、办交涉，什么都要做。有一次演出中需要模拟战乱时的炮火声，贺绿汀巧妙地用一根大木檩子替代平时演奏的大鼓，先将木头的一头杠起来，等到需要炮声的时候往地上一抛，震耳的声音比鼓声还逼真。

正是在一系列的实际工作需要中，贺绿汀发现每个地方的客观实际都和上海有着很大的不同，要通过演出以及观众的反应不断修改、加深认知，并创作新的音乐作品。他们途经武汉、郑州、洛阳、西安等地，然后渡过黄河，11月初到达山西临汾。尽管当时是初冬时节，但临汾西郊刘村已经很冷，八路军也刚打完平型关战役在刘村休整，一方面正需要文艺娱乐工作，二是有很多生动的战斗故事，可供搜集创作。因此演剧队请求在此处休整一段时间刚好过个新年，同时也利用这段时间来听报告、学习文件，讨论和排演新的作品。有一天，办事处主任兼任八路军总部参谋处处长彭雪枫，特意整理了开展游击战的文件资料，随后朱总司令作了抗战形势的报告，彭雪枫讲了游击战的问题，贺绿汀正是受这次朱总司令讲解启发创作出了《游击队歌》这首前线战歌。

贺绿汀在创作《游击队歌》之前，已经从很多角度对歌曲选用的素材进行了考量：如何既能把游击战的战略战术方针体现出来，同时还要将游击队的生活与游击队员的思想感情集中地刻画出来？贺绿汀的办法是着重突出某些性格侧面，来凸显音乐形象的鲜明个性，比如在歌词中强调游击队员英勇、顽强、机智、乐观的性格，在音乐节奏上则侧重愉快、活泼的节奏音型，用以表现部队行进时的果敢干练。

尽管歌词与曲调几乎是同步进行创作的，但曲调仍然率先完成。贺绿汀曾说他写《游击队歌》时，是心中先有节奏，闭上眼就会出现深山密林中步伐矫健的游击队员形象和他们轻快的脚步声，他先把捕捉到的节奏记下来，然后再根据节奏按照传统诗词"起承转合"的结构布局原则写出旋律，这与他以往创作的步骤有所不同：

> 写曲子要从大处着眼，小处着手。好比画画，会画的人，重视先打好大的轮廓，再画细部。如果是画肖像，总是先打好头部的轮廓，看看像不像，再画头发、眉毛、眼睛等细部，倘若光是去描头发、眉毛、眼睛，至于头部中的轮廓像不像，先撇开不管，就会顾此失彼，抓了芝麻，丢了西瓜。这样画出来的肖像，注定是不会成功的。

尽管先有节奏，但节奏仍然是在整体的框格之中——《游击队歌》的结构逻辑依然十分清晰，在"起承转合"的整体结构布局原则基础上，进而再就细部结构的衔接变化做出调整。这种整体思维的全局观，也与他学习绘画等其他艺术门类，感受到共性原则与美学观念有着直接关联。此外，贺绿汀还十分注重音乐效果的接受程度，如乐曲最开始采用的是弱起的节奏音型，这与山西当地民间音乐中大量从后半拍起唱的"闪板"形成了统一和呼应，因而听起来朗朗上口又十分亲切，既符合当地部队听觉审美习惯，又符合乐曲音乐形象与对"子弹"声响的刻画。乐曲中的fa和si运用也十分巧妙，和语调、字意相结合，增添了音乐情绪的渲染。

由于当时词作家塞克转去西北战地服务团，所以贺绿汀这期间有很多词曲都需要自己亲手"包办"，《游击队歌》就是其中之一。贺绿汀能够在既成曲调基础上配歌词的能力也并非一蹴而就的。早年在湖南的时候他就非常喜爱文学、诗词，进入国立音专以后受到萧友梅、黄自、赵元任等人艺术歌曲创作的影响，学生时期还曾为几首古诗词进行谱曲，并随著名学者龙瑜生先生学习古诗词格律与诗词赏析等课程，因而打下了良好的文字基础，这一点也相应地体现在他的理论著述与创作思维之中。在考虑歌词创作时，贺绿汀认为不仅要考虑句法语调与旋律音调走向的变化，还要考虑语言节奏与音乐节奏之间的变化以及平仄音韵方面的对仗关系等等，既要精炼、通俗、有力，同时还要利于音乐形象的塑造与音乐情感的抒发。全曲的核心就是第一句歌词"我们都是神枪手，每一颗子弹消灭一个敌人"，由此通过诗词格律的原则铺陈开来。

1938年元旦，在山西洪洞县高庄举行的八路军高级将领会议的专场晚会上，贺绿汀创作的《游击队歌》首演呈现给八路军全体将士，参加会议的有朱德总司令、彭德怀副司令和任弼时、杨尚昆、贺龙、关向应、刘伯承、徐向前、萧克等高级将领，还有办事处学兵队和总部随营学校的同学。在寒风料峭的乡间戏台上，贺绿汀亲自指挥演剧一队全体成员演唱了这首歌，他还要求欧阳山尊用吹口哨为歌曲作伴奏，这种亲切且巧妙的表达方式，为当天的演出增添了一份特殊的"戏剧效果"。演唱结束后更是全场沸腾，掌声如潮，这首歌唱出了游击队战士们的心声，极大地鼓舞了部队士气。晚会后，演剧一队到八路军各个部队去演出和教唱，每每到了部队才发现大家已经都会唱了，因为这首歌曲的情感完全是从战士的所思所想出发，所以在部队中流传得特别快，有些部队会派战士跑几十里路去抄一首歌。《游击队歌》在抗日根据地广为传播，在鼓舞战士情绪和精神方面发挥很大的作用。有一次，演剧一队到达 685 团演出后，团长杨得志要求演剧队下到每一个连队教战士们唱会这首《游击队歌》。一个上千人的团浩浩荡荡，以学唱《游击队歌》为令，在大雪纷飞的早晨，全员高唱《游击队歌》出发上前线！这首歌曲不仅在抗战期间起到了重要的精神激励作用，中华人民共和国成立后仍在电影《铁道游击队》（1956年）、大型音乐舞蹈史诗《东方红》（1965年）以及各类音乐课本中广泛出现，横贯在人们对 20 世纪中国经典歌声的记忆之中。

此时无声胜有声

1938 年春，贺绿汀进入中国电影制片厂工作，任音乐科长兼任中国合唱团总干事。后因战事逼近，电影制片厂内迁到重庆，贺绿汀由此开始了在山城重庆嘉陵江畔的音乐生活。在这里，贺绿汀曾先后在中国电影制片厂、中央广播电台、中央训练团音乐干部班与陶行知创办的育才学校等处工作。不到三年的山城工作中，贺绿汀有两件当时轰动山城音乐界的事：一是贺绿汀在嘉陵江上一次重大翻船事故中幸存。他乘坐的是一艘行驶于重庆、北碚之间的客货轮，由于超载使得船身上重下轻，又逢嘉陵江汛期，水势十分汹涌，船身在急流中侧翻失事，造成船上百余人遇难。贺绿汀因水性极好而脱险，但与之同行的雷澧泉（在育才学校负责事务工作）却惨遭不幸。作为幸存者的贺绿汀写下《民用轮中脱险经过》一文，1940 年 5 月 20 日发表于《新华日报》重庆版。二是贺绿汀拒不填表参加国民党，宁肯为此不告而别地舍弃中央训练团音乐干部训练班的高薪职位与优厚待遇，甘愿清苦地到育才学校去"尽义务"，以专门培养战乱中有音乐天分的难童。据当时的学生后来回忆：

> 育才学校是个穷学校，学生都是由陶行知先生亲自到各个保育院选出来的……国民党把这个学校看作眼中钉，经费只能靠陶先生到处去募捐来维持，困难时，同学们只能一天两顿稀饭。教师每月十五元，等于尽义务，情

况并不比延安鲁艺好。但贺绿汀肯于把每月薪金两三百

元的位置丢掉，到那样艰苦的环境为孩子们操心，这是许

多人做不到的。

其实类似的情况早在 1926 年就曾在贺绿汀身上发生过，当时贺绿汀为了回乡参加革命，同样毅然舍弃了在省城长沙赫赫有名的岳云学校教学的工作。这两件具体事情，足以看出贺绿汀理想的坚定及其性情中的本真。

"尽义务"既是当时音乐事业发展中广泛的社会需求，也是当时贺绿汀在山城音乐生活的常态。据严良堃、李凌等人回忆，当时贺绿汀在重庆郭沫若主办的文化工作委员会时，曾专门辅导一些在职音乐工作者，同样"尽义务"地系统教授他们和声、作曲等音乐创作技术理论，当时所用的教材就是贺绿汀早年翻译的《和声学理论与实用》一书：

当时学和声不是一件容易的事，要想上和声课只能到

中训团的音干班去，而音干班不是一般人都能去的，因此

一听说贺绿汀在义务教和声，"哗"的一下大家全去了。

在当时作曲技术理论的知识体系与系统训练十分缺乏的情况下，贺绿汀竭尽自己所能投入到理论教学、音乐创作的实践之中，并在文章中犀利地指出当时社会中存在一种不重视作曲理论与技术水平的风气。

从《新中国音乐启蒙时期的歌咏运动》《抗战中的音乐家》《抗战音乐的历程及音乐的民族形式》《作曲讲话》《关于作曲及其他》等这一时期文章中，我们可以看到，贺绿汀针对这些问题以及如何建立中国民族音乐理论体系等方面进行了深刻思考：

如果要建立我们的新音乐，必须在现有音乐的遗产

上重新建立起来……中国是个地域辽阔、人口众多的国家，是个有几千年历史的国家，从南到北，从东到西，无论是语言、风俗、生活、习惯、民族性、社会组织等等，都有极大的差异。在这各不相同的地域里蕴藏着几千年遗留下来的无尽的民间音乐、歌谣等等，如昆曲、皮黄、梆子、大鼓、河南坠子等，大都是来自民间而富有极其浓厚的地方色彩。从现代音乐的立场来看，这些东西已经不够代表新中国的音乐，但是这些东西是创造新中国音乐的最宝贵的泉源……我们的眼界，要能够达到世界的一般国家中作曲家的水准，然后我们才能够谈得上如何建立中国音乐理论的基础。

这段文字勾勒出了贺绿汀在上海国立音专进行的专业作曲理论的严格系统化训练，与自抗战以来随演剧一队行走于祖国大地上的足迹，以及他对中国民间音乐的认知，并试图建立民族音乐理论体系的心路历程——要在民间音乐遗产与现代作曲技术理论两者的基础上，再走出一条中国现代音乐自己的路来。这一理念成了行动指南与方针，使得贺绿汀在创作观念与思想精神层面始终精力充沛、气势磅礴、独立自主。这不仅反映在这一时期他的写作、创作与教学理念，也反映在他事无巨细、亲力亲为的山城音乐生活之中。缺乏条件就自己创造条件，如为音乐干部讲授和声及作曲理论，为战时儿童教授基础音乐课程，张罗国立音专的老同学们到育才学校"尽义务"，在艰苦的条件下鼓励同学们自己动手抄教材，还自给自足地挑水、种地、养鸡等等。

此间，贺绿汀先后为《中华儿女》《胜利进行曲》《青年中国》等多部抗战影片作曲，这一时期的代表作之一是著名的抗日救亡

歌曲《嘉陵江上》:

> 那一天,敌人打到了我的村庄,我便失去了我的田
> 舍、家人和牛羊。

> 如今我徘徊在嘉陵江上,我仿佛闻到故乡泥土的芳
> 香,一样的流水,一样的月亮,我已失去了一切欢笑和
> 梦想。

> 江水每夜呜咽地流过,都仿佛流在我的心上。

> 我必须回到我的家乡,为了那没有收割的菜花,和那
> 饿瘦了的羔羊。

> 我必须回去,从敌人的枪弹底下回去。

> 我必须回去,从敌人的刺刀丛里回去。

> 把我那打胜仗的刀枪,放在我生长的地方。

这样情感非常集中、思绪如散文般流淌的歌词,如何通过作曲进一步发挥其中的情感?贺绿汀回忆当时谱曲的经历时说,那些像散文一样的歌词在谱曲时就像石头一样难啃。他想的办法是首先找到歌曲的首唱者,也是老音专时期声乐系的洪达琦一起商量。根据她演唱的音域基本确定乐曲旋律的范围,把其中的"刺"字安排为全曲的高潮音。然后从朗诵入手,把歌词中需要重点强调的字挑选出来,运用音乐的表现手法,更深入地表达字意情感和语音顿挫。在贺绿汀看来歌曲的创作必须要让人听懂歌词的字意,这是歌曲艺术效果的重要保障。处理完歌词,他开始着眼于乐曲的整体布局,如每一个乐句的落音如何既统一又富于变化,调式色彩变化的运用在乐曲的哪些地方具有必然性等等。贺绿汀心思缜密,却对《嘉陵江上》的钢琴伴奏声部处理得十分简练。如"我便失去了我的田舍"一句,伴奏突然停下,并在歌声结束之

后才出现。再比如"江水每夜呜咽地流过"这个部分的钢琴伴奏只出现了一个音，等等。后来有学者从贺绿汀的许多作品中得出研究结论，他在创作技法运用上相对"保守"。但在戴鹏海看来其中一定有什么误解。为此，他曾亲自询问贺绿汀："您当年不仅翻译过《和声学理论与实用》这样堪称经典的和声学文献，还教过多年和声课，应该对欧洲近代和声手法滚瓜烂熟，为什么在创作中使用的和声手法却远不及您的老师黄自先生那样发展？"贺绿汀的回答像他的和声语言一样简朴，只说了七个字："我觉得已经够了。"戴鹏海后来说：

> 创作不是炫技……对于一首作品进行审美判断时，着眼点不应是运用了哪种技法，而应是运用的技法是否有效地表现了内容。这也促进了我们对《嘉陵江上》更深层的理解，贺院长在写伴奏时并不急于填空或者显示某种技巧性，而是通过单个音的出现更生动地刻画一种形单影只的音乐情绪，这种有意识地"留白"，这种有意为之，恰与唐诗中的"此时无声胜有声"的艺术境界遥相呼应。

自制提琴

　　1940 年初，贺绿汀将钢琴曲《晚会》改编为同名管弦乐曲。这首钢琴曲与《牧童短笛》是同一时期创作的，当时曲目叫作《闹新年》，从乐曲的标题中就可以感受到一种热烈欢腾的民间节日气氛。3 月 18 日，重庆中苏文化协会在嘉陵宾馆大礼堂举行对苏联音乐广播的晚会上，经过改编的管弦乐曲《晚会》作为"压台节目"，由马思聪指挥励志社管弦乐队演出。周恩来、叶剑英、冯玉祥、孔祥熙、邵力子、于右任、孙科、张治中、刘峙等国共两党政要以及文化界的郭沫若等人，苏联驻华大使、苏联对外文协驻华代表、塔斯社重庆分社代表等均在座，听了这场演出。当时苏联代表听了之后表示对这首乐曲很有兴趣。乐曲中借鉴了具有鲜明民间锣鼓乐的音色音响效果，在切分节奏音型与力度、句式的对比之中，进行了具有浓厚中国民间音乐曲调与地方色彩的管弦乐创作语汇的早期探索。可惜的是，由于战乱，作品手稿一度佚失。

　　此后，贺绿汀抵赴盐城的华中鲁艺工作了半年，然后途经西安前往延安。1943 年 7 月抵达延安桥儿沟，之后又借调到华北联防军政治宣传队工作。在到达华北联政宣传队的欢迎会上，贺绿汀用自己的小提琴演奏了《晚会》《游击队歌》和陕北民歌《绣荷包》。据当时部队同志回忆，下部队时，贺绿汀总是背着小提琴参加表演，开始演奏一些外国名曲，由于战士们不易接受，就改成了演奏京剧"西皮"。每次巡回演出中，他总是抓紧机会到各地去搜集民歌，向民间学习，每到一地，都要到连队和老乡的家里看看，深入了解工农兵生活，收集流传在群众中的各种民歌，还十分详细地记了许多曲谱。行军途中他还会利用空闲时间给大家讲乐理、讲和声。

1944 年，联政宣传队从三边采风回延安，收集了不少民歌。当时延安新华广播电台正好需要广播管弦乐队新作品，于是贺绿汀承担了内蒙古民歌《森吉德玛》的管弦乐创作，并在大家的鼓舞下重新提笔谱写了管弦乐曲《晚会》。《森吉德玛》原先主要是叙述蒙古族少女森吉德玛的爱情悲剧，但贺绿汀只保留了乐曲中积极向上的一面并加以发展，着重描绘了草原风光与牧民们轻快矫健的欢乐情绪。这两首乐曲是为联政宣传队中西混合编制的乐队而创作的。当时联政宣传队的乐器很少，主要是民族乐器和少量大家从各地自己带来的小提琴，不能满足组建乐队的需要。在贺绿汀倡导下，联政宣传队发扬自力更生精神，请铁匠打造了一些简单的工具，由大提琴家张贞黻作技术指导，大家开始自己动手制作小提琴、中提琴和大提琴，还自制羊肠弦：

> 后来，我（梁寒光）想到北方做拉面是用淡盐水和面粉，拉面就可拉得很长，且不容易断。我们就用这方法把羊肠放在极淡的盐水中泡一段时间，然后再制作成弦，这样，断的情况略有好转，但又产生另一种毛病 —— 琴弦容易反潮……

直到后来李德伦从上海运来一批管弦乐器，才在此基础上成立"中央管弦乐团"。

"当时延安没有学过洋乐器的人，学过的就贺绿汀、张贞黻、谌亚选"，这就是当时延安的基本情况。"中央管弦乐团"成立后由贺绿汀担任团长，金紫光担任秘书长，梁寒光任教务科长兼合唱队指挥，谌亚选、陈地分别担任管乐、弦乐队长，李德伦为管弦乐队指挥，张贞黻任大提琴及其他弦乐器教师。乐团打下一定基础后，排练了《森吉德玛》《晚会》《胜利进行曲》和一些外国歌剧序曲等，并为合唱伴奏，这个乐团就是中央歌剧院和中央乐团的前身：

> 北平解放前夕我们住在清华大学，清华大学师生一看来了一群解放军，穿的黄土布做的破军衣，两个胳膊肘都露出棉花，身上全是油腻。可当我们拿出一套清一色的洋乐器来为清华大学的学生排练和演奏了《森吉德玛》《晚会》《胜利进行曲》以及莫扎特的作品时，在场的大学生全给镇住了。清华大学的外国教授和外国学生说：国民党在这里这么多年，始终没有办起一个像样的乐队，而解放军不仅带了一个很漂亮的乐队来，还特别还拿出了中国管弦乐作品，精致且富于创造性。

这场演出当时产生了很大的影响。此后，在1949年为中国人民政治协商会议第一届全体会议的演出中，贺绿汀亲自指挥人民文工团（前身为延安中央管弦乐团），演出了他的《东方红》《新中国青年进行曲》《山中新生》《森吉德玛》等乐曲，其中《晚会》《森吉德玛》于同年正式出版。

第四章 —— 贺绿汀民间音乐思想的历史回望

追溯上海音乐学院中国传统音乐学科建构的脉络，贺绿汀及其民间音乐思想是「原点」，他打通了创作、理论、表演、教学体系建设的学术壁垒，亲手培养了师资骨干，创建民族音乐研究室和民族音乐系，督导「民间音乐抢救小组」工作，亲力亲为，高屋建瓴。「贺绿汀精神」从他的眉眼直抵人心，唤起人们对时代音乐、对艺术的完美主义。

要继承民间音乐的遗产

上海音乐学院伴随着贺绿汀从壮年直到垂暮，人们也亲切地将他任院长的时期称为上海音乐学院的"贺绿汀时代"，上海音乐学院前院长江明惇将贺绿汀称为"我们事业的脊梁"，他在文中说：

> 上海音乐学院如果没有贺老，也就不会有今天这样的成就。可以说，他是上海音乐学院生命的一部分，上海音乐学院是他的生命的一部分。

中华人民共和国成立后，上海音乐学院在贺绿汀的号召与领导下，在以西方音乐为主的音乐学院教学体系之中，率先将全国各地的民间音乐系统引入到音乐学院的教学之中。正如《生成与建构：中国传统音乐专业化教学思维寻绎》《唤起大地之歌 —— 江明惇先生学术研究侧记》等文中所述，在此基础上"生成了以理论、创作、表演三位一体的综合艺术机制，成为民族音乐研究的'上音'模式，带着强烈的时代气息，留下满满的民族自豪感和多学科交叉的深深烙印"（郭树荟）。上海音乐学院在20世纪下半叶绽放出以中国音乐为本位的创作、理论、表演、科研、教学体系建设的标杆性成果，成了世界乐坛中的佼佼者与中国专业音乐教育中的"领头羊"，涌现出一大批中外著名的专业师资力量，培养了层出不穷的音乐人才和音乐作品。在中国音乐事业建设的进程中，许多音乐人才像蒲公英种子一样在国家号召下挥洒到祖国最需要的

晚年贺绿汀

地方，传递中国音乐事业建设的"火种"，照亮了五彩斑斓的、有声的中国音乐地图。

此前学界对贺绿汀的研究大多以史学研究、音乐作品与创作技术理论研究、音乐教育思想及美学思想研究等角度为主，或是大量怀念、回忆贺绿汀与上海音乐学院的传记、文章，以及大量散落的贺绿汀强调向民间音乐学习的一般论述。故而邓姝在 2020 年完成的博士论文《贺绿汀民间音乐思想》（指导教师：郭树荟）中，首次提出以贺绿汀民间音乐思想作为学术研究的中心论点，将贺绿汀以民间音乐为"根"建设中国现代音乐理论与实践的"泉源"的重要思想展开专题研究。在贺绿汀波澜壮阔的百岁人生中，将民间音乐视作"根"和中国现代音乐建设的"泉源"，并将其种在上海音乐学院师生的民族情感与艺术创作冲动的深处，是贯穿其一生的最核心的主要思想。在每次全院的大小会议上，贺绿汀总是要强调"要重视民间音乐，要向民间音乐学习"。在一代代传承中，贺绿汀民间音乐思想化作了 20 世纪中叶以来上海音乐学院"贺绿汀时代"音乐家们共同的集体记忆，镌刻在以贺绿汀和上海音乐学院为首的中国音乐理论、作曲、表演、教学体系建构的学术传统与血脉之中。

一、全院大唱民歌

贺绿汀民间音乐思想最初是以"大唱民歌"和"民间音乐运动"的形式在上海音乐学院拉开序幕的。1950 年 3 月，贺绿汀为全院师生首次开设"民间音乐课"，自此，学唱民歌、研究民歌成了每一位音乐学院师生的必修课。这也成了贯穿整个 20 世纪下半叶，一直延续至今的上音学术传统 —— 每位同学都必须要通过学唱民歌的方式，作为认知中国传统音乐的基础。当时，贺绿汀为了加强全院师生对民间音乐的感性认知，使专业学习更贴近艺术实践的具体实际，并从中发掘有志于从事中国音乐表演、创作、研究的"好苗子"，他提前准备了几张油印讲义，然后买了一把板胡，在课上一边拉板胡、一边示范，结合自己搜集、整理、记谱、创作的经历进行详细的讲解。为了更生动地教唱"陕北民歌"，让同学们能够更全面地了解陕北地域音乐风格，贺绿汀"刻意"准备了板胡这件具有独特音色音响的乐器，使同学们能够在歌腔与伴奏之中，体会到更深广、更浓厚的陕北民间音乐特点，最大限度地体会陕北民歌中的生活气息与质朴情感的民间音乐表现方式。1950 年正就读于声乐系的吴国钧日后对贺绿汀教唱民歌的场景记忆犹新：

> 每次贺院长总带着一把板胡走进课堂，用他那带

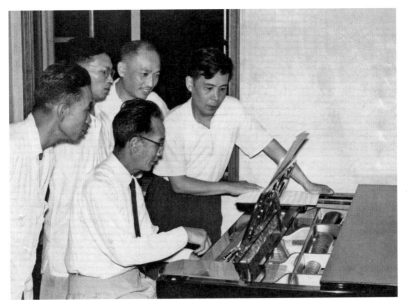

1965 年，贺绿汀（坐者）审阅作品

有湖南乡音的语调，在我们这些学生面前自拉自唱起来……当时他给全院每个系、每个班都上课，从《信天游》到《揽工调》《郿鄠调》《兄妹开荒》《白毛女》，从山西民歌、湖南民歌到四川民歌他都循循善诱，不厌其烦地向同学传授。

将原汁原味的民歌以唱奏结合的"现身说法"形式在音乐学院讲台上呈现，这种讲课方式在音乐学院的教学中是前所未有的。

此外，贺绿汀在全院大、小会议上经常反复强调民间音乐的重要性。"民间音乐课"的开设奠定了上海音乐学院民间音乐教学最初的传统。在贺绿汀的教学与指导下，教唱、背唱民歌的学习研究方式逐渐深入全院的教学与音乐实践之中。贺绿汀在一次全院大会中慷慨激昂地说："一个音乐家至少要能熟悉 300 至 500

首民歌，中国的民歌像汪洋大海，我们更应当加倍努力学习研究，因此，建议同学们每天都背唱一首。"这个建议在会后得到了台下师生的热烈响应。同学们纷纷自发地组织起来，按照不同系别、年级分成若干学习小组，每天午饭时间轮流到广播室背唱民歌，并进行实况广播。贺绿汀让唱得好的同学独唱，还请师生们为民歌编配伴奏。当时在读的徐宜、郑小维、鞠秀芳等人都曾是民歌演出、教唱的学生代表。那一声典型的陕北歌腔"你妈妈打你，你跟哥哥说"，让无数老上音人立马想起贺绿汀带大家在校园里唱民歌的身影。在贺绿汀的讲授与引导下，每天清晨在江湾校舍的草坪上到处都飘荡着"唱民歌"的队伍。同学们有时学唱新布置的民歌作业，有时复习前一天学唱的民歌，有时集体背唱，有时互相检查抽唱。同学们一首接着一首，民歌的地域范围也逐渐向全国各地扩展，校园里人人都会背唱，越唱越好，也越唱越丰富，作曲系的同学还不时就所学民歌的思想内涵、风格、语言、韵味以及表现等问题展开探讨。

"搞专业作曲的人，对于民歌，就是要贪得无厌。把学习所得化为自己头脑里的财富，这样吐出来才是丝"，从这句话中可以看出，贺绿汀将民歌学习在音乐创作中的重要性提到了首要位置。正是基于这一思想，具有鲜明地域风格标识的陕北民歌，裹挟着来自延安的民间音乐文化，以相对稳态的地域化音乐风格特性，以贺绿汀的"民间音乐课"为纽带，注入了上海音乐学院专业教学体系与中国现代专业音乐创作最活跃的血液之中。当时就读于理论作曲系的饶余燕回忆：当时老院长贺绿汀一贯主张创作应取材于民间，特别强调以西北民间音乐为素材对学生们进行创作训练，还特别邀请陕西的民间艺人来学院表演，组织学生赴西北采风等，从此结下了"西北缘"，形成了后来在创作技法上，将多元的复调手法和浓郁的西北民间音乐特色相融合的音乐特性。同时期作曲家汪立三创作的钢琴曲《蓝花花》（1953 年）也是其中一例，还有很多早期就读于上海音乐学院的作曲家、歌唱家都在贺绿汀的引领与教导下，浸润过这股"西北风"。

当时来听课的还有从山东、浙江、江苏等地文工团保送来校就读的几十位音教班同学。这些同学则对民间音乐的掌握程度更深一些，他们大多有在地方剧团或者文工团的工作经历，有对民间音乐演唱或演奏的感性积累和一定的音乐创作基础。贺绿汀为满足他们对民间音乐在理论研究方面的要求，常常在课堂上对民歌的旋律、节奏、结构以及和语言、生活风俗的关系等方面，进行深入浅出地分析，并十分强调民间音乐收集整理工作的重要性，还会提醒他们注意研究方法等问题。贺绿汀后来因公务繁忙，无法继续上课，但仍然花时间指导音教班精心筛选、编写和油印了许多民间音乐资料。这些资料大多是贺绿汀于抗日战争期间，在陕北、苏北等根据地，见缝插针地走访当地民间歌手并搜集、整理、记谱的珍藏品。作曲家汪立三也曾谈到贺绿汀当时推动大家学习民间音乐的具体做法：

> 他（贺绿汀）组织人力将各地的民歌、戏曲选编后油印成册，发给大家，不管你是哪个系的，不管你是什么专业，不管高班低班，不管教师学生，人人都必须熟背。背熟后就要唱，方式是组织民歌演唱会，要求人人上台唱，或是在校广播站里唱。

这种扑面而来的全院"大唱民歌"学习氛围，点亮了校园里的每一个角落，甚至贺绿汀晚上到学生宿舍查寝时都能听到有的宿舍里有人在唱民歌。

　　贺绿汀一边鼓励同学上讲台向大家教唱家乡民歌，一边还利用学生广播站广播教唱的方式，鼓励全院师生以民间音乐为素材进行改编、创作。当时还成立了民间音乐小组，形成全院各系之间互相促进、切磋探讨的集体学习机制与自觉学习意识。因而"民歌运动"中所演唱的民歌涉及的地域范围向纵深拓展。中国民间音乐中的"西北风""东北风""西南风""江南风"等等，以贺绿汀开设的"民间音乐课"为契机，一点点、一首首地唱进了全院每一位师生的耳畔和心里。在 20 世纪 50 年代初中国专业音乐教育体系建设面临各种抉择和困难之际，贺绿汀将民间音乐作为全院共同的基础课程引入课堂教学，对于 20 世纪下半叶中国专业音乐表演、创作、科研、教学的整体而言意义重大。

　　作曲家沙汉昆回忆：

　　　　贺绿汀把民间音乐作为一门学科正式列入我们的课表上，并亲自为我们上民歌课，领我们唱民歌，他倡导大唱民间音乐以及采取的一系列措施，其所释放的能量是不可估量的，影响着上音一代人、两代人甚至更远。（二十世纪）五六十年代的传世之作等一大批作品，声乐系以鞠秀芳为代表的民族唱法以及随后民族唱法专业的建立，管弦系、钢琴系改编的一批优秀器乐曲以及中国风格与民族气派演奏风格的形成，无不直接、间接地渊源于大唱民间音乐。

　　正如沙汉昆所言，在音乐创作方面，理论作曲系涌现出非常多为民歌编写钢琴伴奏的作品，并且有组织地开展采风、收集、整理与创作工作。如 1950 年初"工农兵音乐会"中创作的秧歌剧

《夸女婿》，1950年11月赴松江"土改"中创作了秧歌剧（董洪德）、《江南农民翻身合唱》（程茹辛）、《江南土改组曲》（集体创作）等，为宣传"抗美援朝"创作的独唱歌曲《抗美援朝进行曲》（赖广益词，李瑞星曲）等。此外，早期的理论作曲系的歌曲创作成果还有以声乐系教材《新中国独唱歌曲选》（1951年）形式出版发行的歌曲集，书中包含11首声乐独唱曲目，如《妇女送粮歌》（胡登跳词曲）、《高高山上一枝花》（赖广益词曲）等。同期还出版了由朱予作曲的《生产山歌》（六首）、陈铭志创作的《农民小唱（独唱歌曲）》（五首）等等。作曲家姜同心对这一现象总结说：

> 贺院长带领我们学习民间音乐的深远意义，绝不止于声乐系将民歌编进教材，作曲系改编一些民乐作品，而是从继承传统音乐文化走向建设新中国音乐文化。

在贺绿汀民间音乐思想的引领与倡导下，上海音乐学院师生开始真正意义上的尊重民间、走向民间。他们在纯真朴素地向民间音乐学习的过程中，不断丰富自己聆听、学唱、记谱、分析、研究和创作的能力与技术手段，将中国人的日常生活与精神情感搬上了舞台，以音乐会、音乐作品、谱本、唱片等形式进行了现代化的传承、传播、发展。在贺绿汀反复地强调与践行下，以民间音乐为"根"和"泉源"的理念，贯穿在现当代中国音乐创作、理论、表演、教学体系的整体进程之中，成了中国音乐传统与当代间的重要基因链。

随着上音少年班（附中前身）恢复办学与上音附小的创办，民歌模唱与民间音乐学习由本科向附中、附小"一条龙"教学中渗透，林应荣回忆道：

> 1952年我从陶行知创办的育才学校音乐组来到江湾

上海音乐学院管弦系学习，那是三周年国庆后一个阳光灿烂的一天，当时是贺院长主持工作。贺院长非常重视民族民间音乐和曲艺，那时，每天同学们昨晚早操都要先按小组一起唱民歌，然后才吃早饭。

贺绿汀将民间音乐之"根"扎进了中国专业音乐教育的最深处，从音乐家的"摇篮"时期就开始培养他们亲近、熟悉、了解民间音乐，贺绿汀民间音乐思想也随着大、中、小"一条龙"的整体教学体制的形成而更加成熟且系统化。

贺绿汀以唱、奏、分析、研究、创作相结合的方式，开启了上海音乐学院 20 世纪下半叶民间音乐专业化教学的重要参照母本，启迪了无数学者从民间音乐感性认知向理性研究深化转型的学术思维。

二、民间音乐进校园

中华人民共和国成立后，全国音乐工作者逐渐汇聚起来为国家音乐事业的建设和发展建言献策，联合成立了中国音乐家协会、中国文联等组织。贺绿汀除了繁重的学校事务外，还曾先后担任中国音乐家协会副主席、中国音乐家协会上海分会主席等诸多社会职务。在中华人民共和国成立初期的全国性会议上，贺绿汀就广泛呼吁音乐界要积极地"与有专长的民间艺人合作"、深入地"向民间音乐学习"，应该将民间音乐作为新音乐创作、理论、表演、教学体系建设的重要基石。贺绿汀认为，中国城市和乡村中广泛存在着数量惊人的民间艺人、职业演员，他们掌握了一定的演唱技术，这些技术里包含有千百年来祖辈传承下来的，与人民的生活、语言、思想和感情血肉相连的宝贵遗产。1951 年春，贺绿汀开始陆续聘请民间艺人到上海音乐学院专事民间音乐相关的教学工作，第一批来校任教的民间艺人先后有单弦牌子曲艺人王秀卿、榆林小曲艺人丁喜才、河南笙管乐艺人宋保才两兄弟、陕西郿鄠调艺人黄忠信与任占奎、河南坠子艺人赵玉凤和韩中东等等。贺绿汀首先将民间艺人"请进来"，延

1949 年 4 月，贺绿汀在北京

续了民间音乐口传心授的传统传习方式，将民间艺人请到音乐学院的课堂上进行教学，民间艺人也通过进入音乐学院来丰富自身文化知识与音乐技能，听课学习记谱来提升自己。同时，又从各地前来音乐学院进修的音乐干部中，挑选了与民间音乐有深厚情感纽带的作曲家、理论家"走出去"，积极地投入到民间戏曲、曲艺、器乐音乐的记谱、整理和研究工作之中。

　　贺绿汀根据自己长期的采风、搜集、整理实践认识到：民间艺人一般都有几十年演唱（演奏）民间音乐的经历，功夫很深。贺绿汀常说：

　　　　他们（民间歌手）实在是最好的作曲家。他们的口头
　　存在着千百年遗留下来的丰富的活的音乐遗产……讲到
　　演唱技术方面，我认为这是与生活、语言不能分离的，在

1954 年 9 月，贺绿汀在北京出席第一届全国人民代表大会

这方面，中国旧有的歌唱家、民间艺人是掌握了一定技术的，我们应该把这份遗产继承下来。

在这一思想基础上，贺绿汀亲自聘请民间艺人到上海音乐学院专职任教，同时对民间艺人进入学院后如何开展教学进行了全盘思考，并对进入学院任教的民间艺人提出了新的要求：

人民尊重艺人，同时对他们的要求也是严格的。如果满足于现状，将来就必然慢慢失去人民的拥护。因此演员必须认识自己，提高音乐艺术的修养，使演唱能深深地感动观众，成为名副其实的歌唱家，这是向人民负责应有的态度。艺人们起码应能认识简谱、五线谱，渐渐地，甚至文艺理论、西洋音乐理论、声乐技术等也都应该列入到学习的课程中去。

可以看到，贺绿汀不仅仅倡导全院师生向民间艺人学习、向民间音乐学习，同时对进入学院专职任教的民间艺人提出了要求：必须循序渐进掌握整理、记录民间音乐的技术手段，通过丰富知识结构体系来加深对音乐艺术的认识，更好地推动民间音乐课程建设与自身发展。可以看出，贺绿汀聘请民间艺人进校园，是基于对民间音乐与音乐艺术自身发展规律的深刻认知之上的，同时也对民间艺人进入校园后的定位与发展做出了细致且缜密的整体布局。

　　以王秀卿、丁喜才两位在上海音乐学院任职时间较长的民间艺人为例，王秀卿 1951 年入校任教至 20 世纪 60 年代中期，丁喜才 1953 年入校直至 1984 年光荣退休。在很多这一时期就读于上海音乐学院的老校友的口述与回忆中，经常亲切地称他们为"艺人先生""王秀卿先生""丁先生""王秀卿老师"等等，可知当时学院师生对民间艺人的敬重，但大家对艺人先生的敬重，正如贺绿汀之前对他们所要求的一样，是在艺人们长期刻苦学习与认真教学的过程中逐渐形成的。

　　王秀卿于 1950 年初，经北京市文联主席老舍先生推荐，由贺绿汀请到上海音乐学院任教。当时的一篇报道中曾经记述了王秀卿任教期间所做的工作：她（王秀卿）终日去买书、买唱片、访老艺人、记谱、学唱和录音，不仅业务上比一般民间艺人会的都要多，而且音乐表现力也更丰富，此外她还通过教学、听课、学习盲文、编写教材等不断地丰富知识、自我提升。《文汇报》曾经刊载一篇文章，记录了 1956 年前后王秀卿在上海音乐学院的校园生活，她深受学院老师、学生的敬重：

　　　　王秀卿到音乐分院后，先学会了盲文，通过"盲人月刊"等努力学习文化、政治，她认真抄录苏联音乐专家的讲课记录进行学习研究，为了保护学生的嗓子，她细心选择一些低音曲调，一遍遍耐心地教。她一方面把自己几十年演唱的心得体会讲给学生听，一方面开始有计划地研究正音问题……

　　从文字中可以看到，王秀卿自从进入上海音乐学院之后，开始系统学习盲文，积极应用到学习、记谱、教学等工作之中，她还通过拜访老艺人进行专业音乐学习，不断拓展自己的知识面，丰富自己的学养，而这一切的基础都是为了谋求民间音乐的深厚积累与更好发展。在此基础上，贺绿汀还委派了音乐干部对王秀卿上课演唱的唱腔进行记谱、分析、研究，从中总结民间音乐创作思维与丰富的变化手法，用于理论总结与创作实践之中，写出了《单弦牌子曲分析》这样大部头的理论著作，为民间音乐的研究与教学起到了范本作用。

以一位民间艺人的经历为缩影，我们可以看到在贺绿汀民间音乐思想的整体布局下，音乐学院与民间艺人之间真正达到了他所期望的"合作"与"互相提高"的作用。正如贺绿汀经常在学校各种大小会议上所说：希望大家热爱民间音乐，要熟悉民歌，就要先学习民歌，而且要好好地学，认认真真地学，如饥似渴地学。他还说：过去的民间艺人为了学一首民歌，跑几十里地以外去学也在所不辞。这些都是他的真实体会与经验之谈。贺绿汀通过将民间艺人和民间音乐"请进校园"，把鲜活的民间音乐送到全院师生的日常生活之中。从这一点上来看，这一举措对民间音乐的研究、学习、传承与发展而言，是意义非凡的。

当然，音乐工作者与民间艺人的相互提高在上海音乐学院的教学中并非个例，陕北的丁喜才先生在音乐学院任教期间所做的大量工作也值得我们今天参照和借鉴。1953 年，丁喜才在"全国民间歌舞汇演"中表演榆林小曲，受到音乐界的广泛关注。不久后，他便受贺绿汀之邀到上海音乐学院来任教，直至 1984 年在上海音乐学院光荣退休。

丁喜才刚到上音就开始着手与理论、表演专业的师生一同整理、研究。为了在专业音乐学院中，通过教学实践打破对"土洋之争"的片面性认知，在贺绿汀的领导下，上海音乐学院开始尝试声乐教师与民间艺人"联合教学"的方式对鞠秀芳进行有一定针对性的试点培养。课堂上，著名歌唱家、教育家周小燕先生常将丁喜才先生一起请来给学生上课，鞠秀芳就是当时贺绿汀挑选的第一位试点培养声乐系学生。周小燕与丁喜才两位老师在课堂上共同研究、磋商，为如何将西洋发声法中的技巧，结合、运用到民歌演唱中去进行探索实践，并从中积累一些经验。1954年，鞠秀芳灌制了第一张榆林小曲唱片《五哥放羊》。1957年，在世界青年与学生联欢节上，鞠秀芳演唱的《五哥放羊》《蓝花花》《走西口》等，取得了民歌演唱金质奖章的荣誉，获得了国际认可。在贺绿汀坚定的民间音乐思想指导下，上海音乐学院通过周小燕先生与民间艺人丁喜才老师的联合教学实践，对学术界长期以来的"土洋之争"论战的局面进行了有力回应，结出了我国民族声乐专业化教学的第一颗果实。

丁喜才先生不仅担任声乐系联合培养教学工作，同时还担任大学、附中的教学工作，在上海音乐学院教唱了一百多首榆林小曲，丁喜才自进入上海音乐学院任教以来，学习并掌握了识谱、记谱的基本功，通过大量阅读、学习，提升自己的知识水平与音乐能力。据一直跟随丁喜才先生学习，为他整理记谱的鞠秀芳回忆，丁喜才先生非常勤奋刻苦，自从他担任民间音乐教员后，白天工作，晚上坚持上夜校学习，从小学到初中，一直到高中毕业，文化水平得到了很大的提高，还能自己记谱、编词曲等。他通过自己的努力，从一位民间艺人成长为一位被高等音乐学府师生广泛认可的合格的民间音乐教员。这些我们都能在《陕北榆林小曲》一书中看到，此书收录了很多首由丁喜才自己记谱的唱腔曲谱，如

《苦连天》《绣绒花》《绣麒麟》《十对花》《栽柳树》《打樱桃》《劝世人》《走西口》等等。

"如果没有贺绿汀院长，就没有丁喜才的事业，如果没有丁喜才，二人台至今仍在山沟沟里打转"（江明惇），每当想到这里，无不感慨贺绿汀的高瞻远瞩，千百年来散落在西北大地上的艺人和民间曲种，被贺绿汀请入音乐学院，并从这里迈向了世界音乐的舞台成了百年经典。通过引进各地民间艺人进入学院进行专职教学与授课，"民间音乐"课程已经形成了相对稳定的规范，以基础教学的方式系统化置入全院公共必修课之中，丁喜才的榆林小曲成了提升音乐学院学生对中国民间音乐认知的一扇窗，并以日常生活的形式，将民间音乐的听觉训练，根植到每一位同学的口、耳、听、记、唱训练与教学之中。

贺绿汀将民间音乐引进校园的计划是周密的。这一点不仅仅体现在带领全院师生学习民歌、学唱民歌，将民间艺人请进校园等处，还体现在组织师生广泛参加和观摩民间歌舞、戏曲音乐汇演，以此来打开大家对民间音乐认知的视野，并在世界各民族音乐演绎的舞台中，进一步加深对本民族民间音乐的认识。1952 年中央人民政府文化部组织召开了"第一届全国戏曲观摩演出大会"。此次大会动员了全国各地的剧团、演员，是 1949 年以来第一场全国地方戏曲汇演的创举。将全国各地的戏曲长时间地汇集于同一方舞台上演出，这在以前是不可想象的。以往戏曲同行如若没有得到演出者本人的授意，是不允许"坏了规矩"坐在台下看别人演戏的。因此，从地方到片区再到北京的"观摩"大会，不啻为"民间戏曲音乐"从未有过的系统研究与学习的机会。出于自小父亲唱"板凳戏"以及青年时期对京剧等民间戏曲音乐的喜爱，贺绿汀深知这次"全国戏曲观摩演出大会"的开展，将使得全国各地剧团和表演者们使出各自的看家本领。是否能把极具地方风格特点的、生动的戏曲表演团体请到学校来为全校师生演出呢？这在当时来说，又是一个从未有过的先例。

1952年夏天，当贺绿汀得悉安徽准备戏曲方面汇演，立即指派出一支"先锋队"随华东文化部戏曲观摩团一同赶赴安徽，一方面收集资料、整理研究以供学习参用，一方面听听师生们的反应与实际体会。小队返校后向贺绿汀汇报。当贺绿汀得知安徽此次戏曲观摩剧种丰富、风格各异，非常高兴，立即提出"把他们请到学校来，让大家都听听"。小组对采风整理的资料刚油印完毕，贺绿汀便将参加会演的50多位演员（如严凤英、王少舫、潘璟琍等民间戏曲艺人）、乐师请进了校园，并宣布全院停课一天。他还亲自坐在台下和全校师生一同观摩演出：

> 这天学校停了课，学校的礼堂内挤满了师生……午后同学们和演员学习交流，下午继续演出至课余结束。在这次"大课堂"学习后，再以油印的《黄梅戏》等曲谱练唱，一时又掀起学习戏曲音乐的热潮。

这次演出的剧目有黄梅戏《打猪草》《天仙配》，泗州戏《小寡妇出嫁》等等，大家一边看、一边学、一边听、一边记，这些富有地方特色的民歌小调一下子就在校园传唱开来，校园里"小女子本姓陶，呀子依子呀"的歌声也随处可闻。以这场校园地方戏曲汇演作为新起点，上海音乐学院"向民间音乐学习"的步伐不断深入，从民歌到戏曲、说唱、器乐等，"民间音乐运动"的氛围不断高涨，熏陶和培养了一批又一批对民间音乐有着深厚情感的上音学子。

1954年上海举办了大规模的"华东区戏曲观摩演出大会"，当时所辖的山东、安徽、江苏、浙江、上海、福建地区上演的剧种有五十多个，各地民间戏曲剧种在观摩汇演的调研、筹备、演出、研讨中彰显了蓬勃生机。贺绿汀在此次大会期间举行的戏曲音乐专题报告会上进行了发言，并首次将戏曲音乐放置到世界各民族音乐的新历史语境之中，对戏曲音乐崭新的时代价值进行了极其理性的估价：

> 全世界没有第二个国家拥有像我们的地方戏曲这样丰富，并各具特色的戏曲音乐。但是也必须承认：我国戏曲音乐有相当一部分，都还比较粗糙，还需别除其糟粕，保留其精华，并积极加以发展，绝不能满足于现状而不求进步。

这在当时摇摆不定的艺术方针之中如"定海神针"一般，为戏曲音乐的定位找准了坐标，为戏曲音乐的发展指明了方向，且包含有极为深刻、周密、严谨的学术思考。

当时在台下听讲的许许多多音乐工作者无不受其感染，许多困惑已久的问题都豁然开朗，有了方向。著名黄梅戏作曲家时白林说他正是通过贺绿汀的这次讲话，确立了自己后半生的职志选择与奋斗方向：

> 特别吸引我的是贺绿汀的《我对戏曲音乐改革工作的意见》，这个报告直接影响了我后半生对职业的选择。他在总结这次汇演节目的成败时又说："成功与失败，决定于作曲者是否肯深入到戏曲中去，是否肯虚心向艺人学习，是否和编剧、导演、演员、乐师合作得好，以及对戏曲各方面理解的是多还是少；作曲者本身的音乐修养

也是决定成败的一个主要因素。"在贺老讲话的影响下，我认真地考虑了今后的工作定位与奋斗方向。华东汇演一结束，我就调到安徽省黄梅戏剧团从事音乐创作。

此后，贺绿汀又进一步邀请了昆曲、安徽黄梅戏、福建布袋戏等剧种的演员到上海音乐学院演出。经过全国戏曲观摩汇演的开展、讨论，以及更广泛的"民间音乐进校园"步伐的深入，在《戏曲音乐研究》《单弦牌子曲分析》等理论教材投入教学应用的基础上，1955年8月上海音乐学院率先在作曲系添设了戏曲专业，并确定教研组将以戏曲音乐与和声学研究为工作重点的方针。

当时上海音乐学院师生对民间音乐的学习，与整个华东地区掀起的一波又一波民间音乐与舞蹈、民间戏曲音乐汇演紧密联系在一起。这些大大小小的汇演、观摩就是全院师生"向民间音乐学习"的第二课堂，一边有组织地以班级或小组的形式观摩民间音乐各个艺术门类的精彩演出，一边安排同学负责有计划地录音、整理、记谱和采访演出的民间艺人，并系统整理可供教学研究使用的教材、曲谱，戏曲音乐等民间艺术形式的理论研究与创作实践得到了极大的鼓励与推动。当时附中的同学们后来纷纷感慨：

为弥补教学中中国传统音乐比重的不足，学校还经常组织我们观摩中国民族民间音乐的节目，采取的是走出去（有时全院师生一同驱车前往市内剧场观摩）、请进来（请某团体或某艺术家来校表演）的措施，真可谓不惜工本！

可以看到，贺绿汀为了给学生营造学习民间音乐的氛围，在当时各种资源极其艰难的情况下，不惜成本地创造了各种有利条件。这一时期来上海音乐学院教学演出的除了陕北、河南、安徽、

1957 年 3 月，贺绿汀在苏联第二次作代会开幕式上致贺词

福建、浙江等各地民间艺人外，还请来了昆曲名家俞振飞、沈传芷等，只要有机会贺绿汀就会想方设法把他们请到学校进行展演、教学、讲座。不仅如此，随着中华人民共和国成立后与世界各国建立外交关系，来自捷克斯洛伐克、苏联、罗马尼亚、日本、匈牙利、美国、保加利亚、波兰等世界各国的民间乐团、歌舞团、艺术团来中国演出，全院师生在贺绿汀的组织与带领下参加了交流活动与观摩演出。多姿多彩的世界各民族民间音乐的文化交流，也从侧面推动了上海音乐学院师生对挖掘、继承、整理、研究、发扬中国民间音乐的信心与决心，正如贺绿汀所说："在世界音乐的园地里，这里还有一个尚未发掘的宝藏！"

上音在民间音乐的长期浸染下，在贺绿汀民间音乐思想的倡导与组织下，成了西方音乐与民间音乐共存的艺术海洋。"民间音乐运动"从大唱民歌、开设民歌课到全国各地民间音乐观摩，逐渐构成音乐学院教学中的重要组成部分。贺绿汀经常在学院大会中强调"向民间音乐学习"的重要性，他曾经说过：

> 学校里所学的东西固然是宝贵的，因为这些都是过去伟大的作曲家们创作经验的总结，但是学校里学的除少量的民族音乐外，主要还是过去的并且是外国的。所以不要以为从音乐学校毕业出来就一切问题都解决了，尚有待于你继续虚心向伟大的现实生活学习，向自己的民族音乐学习，这才是音乐创作真正的源泉。没有这个源泉，是不可能凭空创作出什么东西来的。

因此，将民间音乐视作音乐创作真正的源泉在贺绿汀心中是始终贯穿的。贺绿汀以诸多有效措施多管齐下，将民间音乐的"活水"引入专业教学之中，成了 20 世纪中叶以来中国民族音乐创作、理论、表演、教学体系建设蓬勃发展的前奏。

建构中国音乐理论、创作、表演、教学体系

一、创办民族音乐研究室

贺绿汀一方面将民间艺人请进学院任教,创造条件把同学们拉到校外观摩世界各民族民间音乐演出,将地方戏曲请进校园舞台进行专场演出等等,另一方面他还从学院之中重点培养从各地文工团选上来进修并对民间音乐有深厚感情的音乐干部,接他的班继续给全院师生讲授"民间音乐课"。贺绿汀深知,要想在民间音乐大厦的基础之上,迈向中国现代音乐理论、创作、表演、教学体系建设,不仅需要系统学习现代音乐技术理论与专业技能,同时需要对中外古典及民间音乐有着非常深厚的研究与广博的知识储备。在贺绿汀看来,"向民间音乐学习"的最终目的,是要在广阔多彩的民间音乐基础之上,结合现有技术手段,从而探索出一条中国现代音乐的发展道路来。"如果要建立我们的新音乐,必须在现有音乐的遗产上重新建立起来",贺绿汀掷地有声地说。他认为尽管过去中国在音乐方面有过辉煌的历史,但历史遗留下来的大量遗产还有待用现代技术手段进行整理。他并非用复古的眼光看待民间音乐,而是辩证地看待音乐遗产中的珍宝与可以转化提升的地方:

中国是个地域辽阔、人口众多的国家,是个有几千年
历史的国家,从南到北,从东到西,无论是语言、风俗、

生活、习惯、民族性、社会组织等等，都有极大的差异。在这个不相同的地域里蕴藏着几千年遗留下来的无尽的民间音乐、歌谣等等，如昆曲、皮黄、梆子、大鼓、河南坠子等，大都是来自民间而富有极其浓厚的地方色彩。从现代音乐的立场来看，这些东西已不够代表新中国的音乐，但是这些东西是创造新中国音乐的最宝贵的源泉。

贺绿汀常常引用一句名言："伟大的艺术家必然是传统的儿子，同时又是传统的叛徒。"他敏锐地、充分地感受到在面对庞大的民间音乐遗产时，需要以现代的、专业的眼光对其加以辨识和筛选，所以不论是民间艺人还是系统接受西方音乐教学体系训练的音乐学院师生，在继承传统与创作发展上都具有自身时代的局限性，所以需要将有专长的民间艺人请进学校，让学院师生浸染在民间音乐的海洋之中，联合培养、双向提高。

1952 年，贺绿汀在学校的一次教学会议中直言：

> 如果不从中国化这个问题出发，还是按照外国翻译过来的教科书那老一套去教学生，那我们这个学校就要打个问号 …… 相反，我们在教学上把中国化这个问题解决好了 …… 我们这个学校也才能在社会上站得住脚。

正是在继承与发展并行的民间音乐思想指导下，贺绿汀决定调集部分有教学研究经验的教师及优秀青年干部，对中国民间音乐进行系统研究。1953 年初，贺绿汀申报成立"华东民间音乐研究室"，由贺绿汀自己兼任研究室主任，并将理论作曲系的黎英海、声乐系的胡靖舫调入研究室担任副主任，相继将前来进修的音乐干部，如夏野、高厚永、韩洪夫、邱望湘、丁忠海等人调入研究室工作。

曾就读于重庆国立音乐院理论作曲组的黎英海就是 1947 年创办的"山歌社"的一员，当时他对民歌进行选编、编配钢琴伴奏等，试图通过为民歌编配伴奏来学习中国传统音乐和民间音乐，并在这方面积累了相当的创作经验与理论思考，这些都与贺绿汀创办民间音乐研究室的理念相契合。在研究室工作期间，黎英海根据内蒙古、四川、云南、哈萨克、新疆、塔塔尔、山西等地及少数民族民歌编配成完整的独唱歌曲，如《槐花几时开》《小河淌水》《阿拉木汗》等几十首民歌小曲，许多歌曲都成了歌唱家音乐会上的保留曲目和时代记忆中的音乐经典。由黎英海编著的《汉族调式及其和声》更是 20 世纪下半叶中国多声部音乐理论研究中非常重要的作曲技术理论专著之一。贺绿汀要求研究室的每一位成员在黎英海的带领下，不仅要学习作曲系所有课程，还要学习钢琴，以加强自身在搜集整理民间音乐时所需要的各种技能与知识储备，拓展音乐艺术鉴赏的专业能力与研究视野。

1953 年夏天，华东民间音乐研究室全体成员带着照相机、钢丝磁带和一台沉重的钢丝录音机，开始从音乐学院"走出去"，到山东当地进行民间音乐采风。这一次采风为接下来民间音乐的专业化教学打下了重要基础，如《山东吕剧唱腔集》《山东琴书音乐》《犁铧大鼓·胶东大鼓》《山东五音戏唱腔集》等等，都是这一时期录音、记谱、整理出来的教学蓝本与经典著作。1954 年春，研究室更名为民族音乐研究室，由黎英海担任研究室主任一职，胡靖舫担任副主任，吴梦非担任秘书工作。贺绿汀再次给研究室指派了具体工作内容，要求研究室半年后（秋季学期开学时），为全院师生开设相对成体系的民族音乐理论课程，所教授的内容包括全国各地有代表性的民间歌曲、说唱音乐和戏曲音乐等，初步形成了民族音乐教学的基本框架，如胡靖舫老师就曾开设"中国民歌课"，韩洪夫老师也开设过"中国民间音乐"课程，夏野老师也都教过"民歌"和"戏曲音乐"等等。经过长时间的培养，民族研究室先后编写了《中国民歌选》《山东大鼓》《戏曲音乐》《单弦牌子曲分析》等理论教材，这些都是当时对民间音乐前所未有的探索之作，今天看来仍然具有重要学术意义。

二、创建民族音乐系

1956 年，在贺绿汀的主张下，上海音乐学院成立了我国第一个民族音乐系，这在当时世界各国专业音乐教育体系中都是史无前例的。从师资培养、教材撰写到民族音乐系成立、各专业的设立与基础课程的安排等等，白手起家、从无到有，摸索走过的每一步都表现了贺绿汀民间音乐思想的真知灼见。他的半生心血倾灌于此。贺绿汀认为"民族音乐系学生的水平必须高于其他各系，才能站得住脚，对新的音乐文化事业才可能有所贡献"，上海音乐学院民族音乐系正是在这样的理念指导下创建的。

贺绿汀将通晓古今、学贯中西的沈知白抽调到民族音乐系，担任系主任。副主任则由名满中外的民族器乐演奏大师卫仲乐担任，同时将民族音乐研究室的夏野、高厚永、韩洪夫等人调入系里作为师资骨干，并从作曲系将刚刚毕业的胡登跳抽调过来，形成了民族音乐系最早的师资班底与"民族音乐理论""民族乐队指导""民族器乐演奏"三个专业，并在此基础上成立了民族音乐理论、民族器乐两个教研室的基本架构。这其中也贯穿了贺绿汀对民族音乐系的清晰规划：

我们民族音乐及其各专业是别国音乐学校所没有

的……在音乐学院中建立这样的系和专业在世界上尚属创举，究竟如何作法，应有个全面的考虑：要考虑到主观的力量与客观的需要，考虑到现在的情况，也要考虑到将来的发展前途……（学校）既要培养人才，又要联系具体实际进行科学研究，为建立自己新的民族音乐文化学科打下基础。因此，它的性质应该是又是教育机关，又是科学研究机关。

集教学科研于一体，理论研究联系创作、表演实践，是贺绿汀在民族音乐系创建之初排兵布阵时的重要理念，正是在这一思想的指导下，初步形成了中国民族音乐理论、创作、表演基本格局与整体面貌。

上音在民族音乐理论研究方面，沿着贺绿汀对民族音乐研究室的基本布局，进一步完成了对民歌、器乐、戏曲、曲艺师资梯队与教材编写的建设工作，所获成果在全国专业音乐教学中很长时间都处于学术领先地位。先后培养出了夏野、高厚永、江明惇、李民雄、滕永然、刘国杰、连波、黄白、黄允箎等等一大批长期深耕民族音乐理论教学一线，边采风、边学习、边研究、边写教材的理论研究骨干人才。写就了《曲艺音乐概论》《汉族民歌概论》《民族器乐概论》《腔词关系研究》《民族管弦乐法》《民族器乐的体裁与形式》《西皮二黄音乐概论》《弹词音乐初探》《民间歌曲（共同课）》《中国民族音乐大系》系列丛书等等，形成了20世纪中叶以来民族音乐理论教学、研究的时代群像，在贺绿汀、沈知白等前辈的引领下，民族音乐系"从无到有"，为中国民族音乐理论与教学的体系化建设做出了非常卓越的贡献。其中有许多课程，尤其是以民歌、器乐、戏曲、曲艺等民间音乐为主体的民族音乐概论课程，都成了民族音乐系创建之初各专业的必修课程。当时贺绿汀立下规定，民族音乐系所有专业的学生都必须要学两个"四大件"，也就是说不仅要系统学习民族音乐"四大件"中的民歌、器乐、戏曲、曲艺，同时必修西方作曲技术理论和声、曲式、复调、配器"四大件"，可以说学界广为人知的两个"四大件"的提法以及后来的"横向研究"与"综合研究"的提法，都是从上海音乐学院民族音乐系创办方针与教学实践中逐渐总结出来的。

除了两个"四大件"的学习以外，贺绿汀在"点将"时充分考虑了沈知白融汇古今东西的大学科视野，集理论、翻译、教学、创作、演奏于一身的过硬专业技术能力，极大地支持沈知白对民族音乐理论的整体学科布局工作。沈知白会亲自讲授、具体指导、认真批改教研室与学生的每一篇文章、每一本专著与教材，鼓励他们广泛学习和吸收中外音乐理论与文化知识，在此过程中，很多老师、同学受沈先生影响，开启了将民族音乐理论研究与世界各民族音乐、现代分析研究技术手段有效嫁接的尝试与探索。大量由沈知白亲自翻译引进的前沿理论成果成了课上、课下的教授内容，为了让同学们更全面地了解和掌握现代音乐分析与理论研究新兴技术手段，他又先后将音乐美学、东方音乐、亚非拉音乐研究、民族音乐学、声学等理论方法与民族音乐理论建设进行具体的、有效的嫁接，很大程度上填补了当时民族音乐理论研究的学术空白，同时极大地丰富和完善了中国音乐理论体系建设的整体格局与大学科视野。

在民族器乐演奏专业的教学体系建设方面，贺绿汀提出：

一定要明确规定：音乐学院的民族器乐专业培养目标是能独奏兼创作的特等独奏演员与教师，而不是一般的乐队队员……过去特等的民族乐器演奏家来自民间，以后应该来自音乐学院：它应该培养出又有文化水平又有专业水平、又能演奏又能创作的新的民族乐器的演奏者。这一设想并不是没有根据的。三十年前的刘天华就是个实例……

为了达到贺绿汀的要求，沈先生和卫先生从华东师范大学音乐系将既能演奏、教学又能改编、创作的陆修棠抽调到民族音乐系担任民族器乐教研室主任，与卫仲乐一起主持民族器乐演奏专业教学大纲与教材编写工作，如乐曲的记谱、整理、编订指法、分层排序、编写练习曲等等，在 1961 年先后举办的全国二胡、琵琶、古筝、笛子等民族器乐教材会议上，上海音乐学院民族器乐演奏教师提交的专业教材中，充分展现了民族器乐演奏专业教材编写的规范性、严谨性、系统性与全面性。如王巽之提交的《古筝教材》、陆修棠提交的《二胡教材》等，书中曲目编排根据不同程度循序渐进，不仅包含传统曲目，还包括大量改编、移植、创作曲目，是当时全国各高校民族器乐教材编写的重要范本，至今仍都有着重要参考价值。

这一时期涌现出一大批表演艺术家、教育家以及他们整理、改编、移植、创作的一套相对系统的民族器乐表演曲目体系：二胡有《怀乡行》（陆修棠曲）、《丰收序歌》（刘树秉曲）、《田间》（周仲康曲）、《梆子风》（项祖英编曲）、《丰收》（王乙曲）、《好江南》（郑豪南曲）、《田歌》（胡登跳曲）、《中花六板》（陈永禄订谱）、《红水河畔忆亲人》（林心铭编曲）、《阳关三叠》（闵惠芬编曲）等；琵琶有《阳春白雪》（卫仲乐演奏谱，裘春尧、叶绪然整理）、《赶花会》（叶绪然）、《月儿高》（卫仲乐）等；古琴有《归去来辞》

（刘景韶演奏谱）、《平沙落雁》（张子谦演奏谱）、《春风》（许国华、龚一曲）、《流水》（卫仲乐演奏谱）等；笛子有《三五七》（赵松庭编曲）、《西湖春晓》（詹永明曲）、《水乡新歌》（顾冠仁曲）、《妆台秋思》（金祖礼整理）、《小放牛》（陆春龄编曲）等；古筝有《月儿高》（王巽之传谱）、《林冲夜奔》（王巽之、陆修棠编曲）、《草原英雄小姐妹》（刘起超、张燕编曲）《银河碧波》（范上娥曲）、《广陵散》（王昌元移植）《东海渔歌》（张燕曲）、《战台风》（王昌元）等；三弦有《十八板》（李乙改编）《边寨之夜》（费坚蓉曲）、《平沙落雁》（张念冰改编）《越调》（王秀卿传谱、诸新诚记谱）等。

针对当时各地陆续创建民族乐队但乐队水平难以提高的普遍现象，贺绿汀提出设立民族乐队指导（后改为民族作曲）专业。贺绿汀将"培养一批有一定作曲技巧与指挥知识，熟悉各种民族乐器的演奏技巧，有一定民族民间音乐的修养，到了乐队中就能起到骨干作用，能为乐队改编乐曲，又能指挥训练乐队的人才"的任务，交给了胡登跳和民族音乐理论教研室。在贺绿汀强调"学习民族音乐一定要在精通西洋音乐的基础之上"这一指导思想下，民族乐队指挥专业的所有学生必须同时学习民族音乐和西方音乐的两个"四大件"与民族音乐系其他必修课程，在此基础上，还要随指挥系杨嘉仁上专业主课，不仅如此，民族乐队指导专业的作业量往往是其他西方作曲理论专业的两倍。此外，贺绿汀认为要指挥整个民族乐队，就必须懂得乐队配置中主要乐器的性能，因而规定吹、打、弹、拉不同组别中，必须各选一件代表性乐器，每件乐器都要进行一年的专业学习。为了将民族乐队指导专业的建设与实践紧密结合，贺绿汀又从各地剧团中吸收了近30名有一定戏曲剧团伴奏、民族乐队合奏经验的演奏员，创办组建了一个可供民族音乐系创作、理论研究、乐队指导进行音乐实践的民族乐队队员训练班。训练班的组建既满足了师生们在不断创作和实验演出以及科学研究过程中逐步摸索前进的需求，同时还能为声乐系进行编配民族乐队伴奏，推动演唱与伴奏关系的有机结合与向前发展。

1962年，胡登跳先生在大量音乐创作实践与长期执教经验的积累下，编写了我国第一本全面介绍民族乐器性能与民族管弦乐配器方法的专业教材《民族管弦乐法》，此后，以胡登跳、夏飞云、周仲康、成公亮等为代表的师生，纷纷在1956年"全国音乐周"、1959年"国庆十周年"以及1960年"上海之春"等全国重大演出活动中登台亮相，加之《敲起锣鼓夺丰收》《闯将令》《闹元宵》等民族管弦乐作品的改编、创作，使得民族乐队指导/作曲专业顺应时代需求逐渐壮大。

贺绿汀对民族音乐系"三大专业"的专业水准要求与态度一以贯之：

民族音乐系学生的水平必须高于其他各系，才能站得住脚，对新的音乐文化事业才可能有所贡献。

实践与事实证明，正是贺绿汀对民间音乐与民族音乐关系的清醒认识，才在民族音乐系众多师生的合力之下，民族音乐系"从无到有"，迈向20世纪中叶全面发展的高峰时期，并逐渐形成和完善了中国民族音乐理论、表演、创作的专业化教学体系"三足鼎立"的整体格局。贺绿汀多次强调必须要保证民族音乐系新生的质量，当时社会上很难招到，他就亲自从附小、附中开始抓起，从小培养他们对从民间音乐学习的广泛兴趣，在掌握尽可能多的民族器乐演奏基础上，系统学习西方现代理论技术与钢琴、视唱练耳等，为将来进行民族器乐整理、改编、创作打下扎实、全面的基础。1958 年毕业留校参加民族音乐理论研究工作的江明惇先生曾说：

> 我读上海音乐学院附中的时候（初三到高三毕业，1952 到 1956 年）就一直有丁喜才老师教唱"榆林小曲"（二人台坐唱形式）、赵玉凤老师教唱河南坠子、沈传芷老师（昆剧"传字辈"演员）教唱昆曲《游园惊梦》、胡靖舫老师教唱民歌、韩洪夫老师教唱河南梆子和山东琴书等，从初中到大学，民族音乐课没有间断过。此外，我们还从附中开始每人都学一样民族乐器，不论是学钢琴、提琴、作曲的学生，都要学，我学的是二胡。当时，全附中、全学院都是如此……所以小提琴协奏曲《梁祝》等的出现不是偶然的，这样的氛围是非常可贵的。

此外，1963 年，闵惠芬先生在"上海之春"音乐会上举办的全国首届二胡比赛中获得第一名的好成绩，此后陆续创作、改编、移植了《阳关三叠》《洪湖主题随想曲》《寒鸦戏水》等十余首乐曲，她也是诸多在贺绿汀精心呵护下培育出的，集演奏、创作、教学于一身的优秀民族器乐演奏家、教育家的代表之一。

向民间音乐学习的新视角

1978 年 9 月，中央文化部做出恢复上海音乐学院原有建制的决定，翌年年初，贺绿汀再次回到上海音乐学院担任院长工作。返校之初，贺绿汀首先强调的仍然是"向民间音乐学习"。他经常以"熟读唐诗三百首，不会作诗也会吟"这句中国的俗语为例，强调对中国民间音乐感性聆听与经验积累的重要性，并在自己的长期创作、整理、教学实践中，得出了对中国民间音乐更深层的认识：我国有数千年的文化，民族民间音乐之丰富，是世界上少有的。在我国民间，蕴藏着无尽的民间音乐的宝藏，这些正是音乐创作者必须终生努力学习的对象。正像蚕必须吃桑叶，才能吐出丝来，一个音乐创作者不熟悉自己民族的音乐语言就谈不上音乐创作。一个人如果没有丰富的修养，没有长期的民族民间音乐文化知识的积累，就不可能从天上掉下来什么灵感。世界上不可能有"无本之木"和"无源之水"。在他的思想观念中，记录整理民间音乐固然是为了学习和继承，但学习和继承的目的又是为了发展和革新，当代音乐创作既要认真向民间音乐学习，要赋予民族音调以新的内容，使自己的作品既有民族特点，又有时代特点。

一、民间音乐抢救小组

"一律要用五线谱记谱"，既是贺绿汀在面对民间音乐记录整理时反复强调的严格要求，也是用当代音乐家通行的记谱方式向世界传播中国民族音乐的重要途径。1979 年 9 月，贺绿汀即将率领中国音乐家代表团赴澳大利亚珀斯参加联合国教科文组织所属国际音乐理事会第 18 届大会，临行之前，他在文中说：

> 别的国家记录民歌都是专家，他们掌握了一套现代音乐知识和技能，都是用五线谱记录，同时还有对所记录的民歌进行科学分析的文章，并配备有相应的录音资料。可见记录民歌必须掌握现代音乐方面的科学知识和科学技术条件，否则就很难搞好。现在国外出版的民歌研究资料都是五线谱，而且许多都是图、文、谱、音响配套并茂，唯独我们只有用简谱记的歌本。将来别人和我们交换资料，别人给的是一套套的东西，我们却只能给人家一本本的阿拉伯数字……

贺绿汀此时已经勾画了民间音乐整理记录的蓝图，以图、文、谱、音像并茂的方式形成一系列配套的民间音乐研究资料。他还在重新启动的民间音乐集成工作的组织问题上呼吁：必须要有专业音乐工作者的共同参与，不仅要用五线谱记录，并且要形成完整的录音资料，再根据录音资料进行科学的整理、研究，对各地区、各民族的民歌、民间音乐的不同的民族风格特点和历史发展过程，写出有科学分析的论文，这也成了 20 世纪六七十年代以来，上海音乐学院民间音乐资料搜集、整理、记录的规范与基本要求。

由于当年技术手段不够成熟和社会动荡等，民间音乐资料不断散佚，很多早期的优秀民间艺人甚至生命垂危。面对令人心痛的现状，1979 年前后，贺绿汀亲自挂帅成立了上海音乐学院直属的"民族音乐遗产抢救小组"，由江明惇担任组长，李民雄、黄白、黄允箴、金建民、杨富英、陈进德、林培恩等数十人，先后组织、参与了对濒临失传的中国各地、各民族的民歌、器乐、曲艺以及宗教音乐等民间音乐资料的抢救与保护工作，对相关影像资料进行了抢救性保护与记录。贺绿汀在 1979 年 12 月全国理论工作座谈会中，就曾多次提及民间音乐"抢救"工作的重要性与紧迫性。贺绿汀说，我们的民间音乐非常丰富，各地民间艺人都有自己的一套，很精彩，其中包括一些古老的、极有价值的民间音乐遗产，但这些都装在一些民间艺人的肚子里，这些民间艺人多半都已是风烛残年了，他们一死，这些丰富的民间音乐也就跟他们一起带到棺材里去了。民歌收集、整理的工作一定要全力以赴地认真做好，对各地有名的民间歌手和民间演奏家以及戏曲、曲艺演员都要进行录音、录像，以便将他们的艺术永久地保存下来。因为现在这些人大多都是老弱病残，所以这是一项带有抢救性质的工作。如果现在不抓紧做，到时候"人与艺俱亡"，就没有办法补救了。他还以瞎子阿炳为例说，如果不是杨荫浏发现得早，及时把他演奏的二胡、琵琶曲子录下音来，并且记谱、整理、出版，人们就不会了解作为民乐演奏家的华彦钧和他的传世之作《二泉映月》。

自 1979 年起，"民族民间音乐抢救小组"开始对孙裕德的箫和琵琶、卫仲乐的古琴与琵琶、朱勤甫的苏南吹打、吴景略与张子谦的古琴、徐丽仙的苏州弹词、黄虹与袁留安的云南民歌、赵元任用常州方言演唱的《教我如何不想她》《卖布谣》、何纪光的湖南民歌、阿旺的贵州民歌等大量弥足珍贵的民族民间音乐资料进行了录音、录像，其中很多老先生不久后就离世了。如 1979年在李民雄带领下摄制完成了唯一一部记录苏南吹打的电视教学片《苏南吹打和朱勤甫的击鼓艺术》，以及1982以连波为首拍摄完成的《徐丽仙弹词艺术》电视纪录片等等。这些都是通过录音录像的方式，集中收录了老艺术家音乐演唱、演奏的主要艺术特点，在日后上海音乐学院的课堂教学中得到传承。这些录像资料里全国很多别的地方都没有保存，上海音乐学院总算是抢救了下来。

　　20世纪80年代初期，贺绿汀还约韩起祥到上海来录像，贺绿汀早年在陕北听过他说书，对他很了解。他说韩起祥对陕北民间音乐知道得很多，原先陕北有八种民间的曲艺，现在只留下四种了，像他这么广泛了解的人已经很少了，要把他的东西统统留下，要运用最先进的录音、录像技术，把最好的故事、最好的歌唱家、最好的歌声都做成教学纪录片，甚至可以作为电台、电视台播放的节目。此后，贺绿汀决定要在上海音乐学院民族音乐系中培养将民歌收集整理作为研究课题的学生，他联系各部门领导想办法弄到录音带，想要把各地好的、有代表的民歌录上，而且用最好的歌手来演唱，录下来后用五线谱记谱，记下来后，还要进行学术性的分析，分析它的音阶、调式特点等等，使它成为有用的东西。1979年从上音附中、本科作曲系毕业的黄允箴考入民族音乐理论作曲专业，师从夏野、江明惇专攻中国民歌理论研究，1982年完成了她的硕士论文《论北方汉族民歌的色彩划分》，该文后来在"全国民族音乐理论研讨会"中获得了全场专家的一致好评与认可，在中国传统音乐与民歌色彩区专题研究中，该文的发表具有重要学术价值与历史意义。从蓝图构想到一步步推动实践，没有条件创造条件，没有生源就亲自培养，亲自动手搭建梯队平台，这就是贺绿汀民间音乐思想向民间音乐保护举措、传承机制逐渐转化的重要枢纽与保障。这促成了上海音乐学院用实践检验理论真知，拿作品与成果说话，"求知求真"的学术氛围。有别于社会上其他摇摆不定的思想。

"我在这里大声呼吁：不但我们学校要这样搞，希望全国音乐界也都能重视这项工作，这是一项切切实实的必须要做的工作！"1982年，年近八旬的贺绿汀仍奔走于全国各地为提升大家对抢救民族民间音乐遗产的认识而振臂高呼。他认为，对保存在图书馆里我国历代音乐文献资料进行整理，当然很重要，不过，那些书再放20年还在那里；但保存在活人身上的东西就不行了，再过十年八载就要和人一起随风消散。因此，抢救这些活态民间音乐遗产要比那些文献资料的整理迫切千百倍。这应该引起各地音乐界、文艺界以及各级领导的注意。许多民间艺人没有得到应有的照顾，还有很多好的民间音乐遗产没有及时抢救下来，学界应该意识到问题的严重性和紧迫性。在记录方式上，主要要依靠现代化的录音、录像设备。只有用音像设备录下来的东西才是最可靠的，希望每一个音乐研究单位都要重视民间音乐的搜集整理工作。此外，还必须培养大量的音乐理论工作者，进行有计划的整理研究工作。例如河北、山东地区各种各样的大鼓书，东北的二人台，陕北的道情，河南的坠子，湖南的丝弦，四川的清音、扬琴，云南的花灯，广西的文场，福建的南音，新疆的十二木卡姆等，祖国遍地都有民族民间音乐的宝藏，没有专业音乐工作者有计划地去研究整理是不行的。四十年前的贺绿汀已经深切意识到民间音乐活态遗存保护的重要性，他的理念和思想对我们当下的传统音乐文化继承、保护、发展而言，也是重要参照。

二、永远的纪念

自"民间音乐抢救小组"成立以来，年已 80 岁高龄的贺绿汀将学院自 20 世纪 50 年代以来培养出的一大批从事民族民间音乐研究专业的师生集合起来，亲自指导、审听他们对民间音乐资料抢救工作的汇报与录音录像材料。当时，贺绿汀极富远见地提出要抢救"二老艺人"的民间音乐资料，"二老艺人"与纯粹的民间艺人有区别，指的是在专业化音乐教学中具有整理、改编、创作等能力，功底较扎实的职业音乐工作者。1962 年曾到声乐系进修学习的何纪光说他就是学校的首批"抢救对象"，贺绿汀提出要把何纪光以往采风中学到的民歌全都录制保存下来。贺绿汀口中的何纪光，自 14 岁起就进入了湖南省歌舞团，常年随团下乡演出，期间广泛向民间歌手学唱了长沙山歌、衡山山歌、辰溪山歌、桃江山歌、益阳山歌、韶山山歌、桑植山歌、古丈山歌、醴陵情歌、侗族花歌、瑶族长鼓歌等湖南各地、各民族的民歌 300 余首，同时对花鼓戏、湘剧、京剧、川剧等戏曲中有特殊技巧的唱腔选段以及河南坠子、京韵大鼓、山东琴书、四川清音、苏州评弹等地方曲艺也很感兴趣。他由于学得快，模仿得像，被称为"活录音机"。1960 年，何纪光被到湖南采风的贺绿汀一眼看中，随后到上海音乐学院进修，1964 年"上海之春"音乐节上，何纪光第一次运用"新型高腔唱法"演唱了一首《挑担茶叶上北京》，被称为"歌坛一绝"，享誉全国。

以才旦卓玛、何纪光、阿旺等人为代表的一大批少数民族声乐演唱家的成功，《唱支山歌给党听》《翻身农奴把歌唱》《挑担茶叶上北京》《洞庭鱼米乡》《太阳出来照白岩》《久不唱歌忘记歌》等各民族民歌的广泛传唱，都离不开贺绿汀对人才的重视以及王品素对民族声乐人才培养方式的坚定探索。除了何纪光以外，贺绿汀提出还要逐渐完成一个系统性的工程：

> 要把各族各地有代表性的优秀民歌用立体声录成盒带，以五线谱记谱，再配上论文、说明、图片，以最精美的方式出版，成为中国民歌最正确的资料，以传后人或作国际交流、学术研究之用。

在贺绿汀的精神鼓舞与策划布局下，"抢救小组"开始有计划地对许多民族民间音乐家的演唱、演奏进行录音、录像、记谱和编辑整理工作，在 20 世纪 80 年代记录了一大批民族民间音乐资料。据黄白回忆，其中主要包括何纪光唱的三百余首湖南民歌，黄琼英唱的两百首云南民歌，上海老工人演唱的杠棒号子、启东的黄海渔号，甘肃莲花山花儿会，丁喜才弹唱的榆林地区二人台，韩起祥的陕北说书，徐丽仙的苏州弹词、朱勤甫的苏南吹打，张子谦的古琴，孙裕德的琵琶和箫以及卫仲乐先生的演奏录像等等。

尽管"抢救工作"耗费时日，但大家在贺绿汀对民间音乐"抢救工作"高度重视与敬业投入的精神鼓舞下，在繁忙的教学任务之余，纷纷克服了重重困难，为民间音乐的抢救工作投入了大量细致的精力。我们在何纪光的一小段叙述中，可以看到当时"民族民间音乐小组"师生们在录制过程中的艰辛付出：

> 由于当时学校的有关设施还十分简陋，我们就因陋就简，把有天然回音以代混响的大礼堂作为录音棚，但无法解决外面的噪音干扰，我们就晚上 11 点开始工作，一录就是三四小时。白天则利用午休时间录。一首歌眼看就要录完了，不知从哪里冒出一声怪响又前功尽弃，从头再来。有时候还要请一位教师守在外面赶"知了"、轰麻

雀，以保证录音时有个清净的空间。就这样，民歌小组工作了一年多，终于录成了湖南民歌一百首，为学校、为同行留下了一份珍贵资料。

"抢救小组"的具体工作内容与工作方式一直受到贺绿汀的高度关注，从整体计划到每一个细节他都认真过问，还专门抽出时间校阅乐谱：

> 贺院长多次要小组成员向他汇报工作情况，包括选曲、演唱与配器、录音。他说不要用大乐队，要像民间歌手演唱时那样朴实，要具有资料性，演唱者也应该用原唱者的感觉来唱，少露加工的痕迹，就这样他一次次审听，一次次提出具体修改意见，然后再录、再听，不厌其烦，直到满意为止。

1980 年的贺绿汀

可以说，这次"抢救工作"在贺绿汀的严格要求与亲自指导下，上海音乐学院从学术研究的视角，形成了一套有图像、有音响、有乐谱、有分析的四位一体的民间音乐遗产抢救保护工作的具体做法，这批资料可以说是 20 世纪民族民间音乐资料传承、保护的重要参照范本，对世纪之交以来的民间音乐的保护、传承，与民族音乐的建设、发展，都起到了承上启下的深远意义。

1980 年，贺绿汀在观摩"上海之春"的演出后，特地邀请了云南省歌舞团的黄虹来校进行了录音。1982 年，在上海音乐学院大礼堂进行了一场为"抢救民族民间歌曲"而组织的学术性独唱音乐会。来自云南歌舞团的黄虹、湖南歌舞团的何纪光、贵州歌舞团的阿旺同台演出。这台音乐会的筹备工作由院长贺绿汀亲自主持，演唱曲目也都由他亲自选定。这三位歌唱家都是当地土生土长的民间歌手，其中何纪光、阿旺分别于 1962 年和 1963 年到上海音乐学院师从王品素和胡靖舫两位老师学习。节目单上有对黄虹的介绍：

> 她边演出边对云南民歌进行搜集、整理、改编，不仅学习本省民歌、花灯、滇剧、曲剧，还学习外省的地方戏曲、曲艺，吸收丰富养料。经过多年时间，积累了一批富有云南地方色彩和浓郁生活气息的演唱曲目，形成了黄虹同志自己的独特演唱风格……近年来她进行了大量的民歌整理和改编创作工作，并为培养下一代民族声乐人才进行教学工作。

这场演出中，三位歌唱家一共演唱了 25 首民歌，这些歌曲大部分是演唱者自己搜集、整理、改编而来的，涉及滇西民歌、滇东民歌、安宁民歌、弥渡花灯调、昆明北门调、昆明花灯调、彝族民歌、玉溪花灯调、益阳花鼓调、长沙山歌、邵阳民歌、城步民歌、苗族民歌、布依族民歌等，如《放马山歌》《耍山调》《铜钱歌》《郎在外间打山歌》《歌唱美丽的好家乡》《久不唱歌忘记歌》等。通过这些民歌的曲调，可以看到三位歌唱家向不同地区、不同民族民歌手学习的足迹。在他们的歌声中呈现出了具有个性、复合多样的民歌生态。更值得注意的是，三位演唱者不仅具备搜集、挖掘、整理当地民歌的能力，同时还能对民歌进行改编、填词、创作，这些都是在继承民歌手演唱的基础之上对民歌的传承、发展、再生，起到了重要的续接功能。音乐会结束后，上海音乐学院"民族民间音乐抢救小组"在贺绿汀的指导下，为黄虹录制了20多首云南民歌，其中绝大部分都是她的保留曲目，同时还录了一批新的精心整理改编的曲目，如《妹挑土来哥挖塘》《花鞋掉在河中间》等。1981和1983年，贺绿汀曾在南京金陵之声广播电台面向台湾听众开放的专题广播以及中国唱片总公司在香港举行首届中国唱片展中，推荐何纪光，并专门撰文向大家介绍这位歌唱家的演唱艺术。

1981年6月，贺绿汀在连波先生的陪同下，与上海市文联主席吴宗锡先生一同到著名弹词艺术家徐丽仙家中拜访。此时徐丽仙已经身患舌底癌四年之久，说话非常吃力，吐字也不太清楚，但以"丽调"创腔著称的徐丽仙在重病中仍然做了大量工作，并继续创作弹词开篇。为了进一步继承和发展"丽调"，在贺绿汀的亲自关怀指导下，学校成立了《徐丽仙艺术生涯》电视片录像小组，对徐丽仙的生平、艺术成就、丽调特点与主要唱段《情探》《新木兰辞》《黛玉葬花》等进行了系统性介绍。尽管这一时期徐丽仙演唱已经非常困难，但贺绿汀仍旧想办法，通过音配像的形式将图像与徐丽仙早期录音结合起来，"她就跟着唱片的声音表演，完全和真的一样"。影片后来在全国高等艺术院校曲艺音乐研讨会中进行了首映。1982年9月，在上海音协和曲协联合举办的"两省三市弹词音乐座谈会"中，贺绿汀讲道：

> 评弹吸引很多观众，每一个新人新事一出来，就可以及时写出新的节目演出，还有一个特点就是自己创作、自己演出。评弹有这个派、那个派，每个派都有它自己的特点，所以人家喜欢。而且正是因为有俞调、马调、周调、丽调、琴调、蒋调等这么多富有个性的流派的同时并存，自由竞赛，评弹艺术才能出现百花争艳的繁荣发展局面……评弹集演唱、演奏、创作于演员一身，这是很值得音乐界同志学习的地方，我赞成学校每个人都掌握几样民族乐器，虽然不能精通，但熟悉乐器的性能对创作却有好处。每个人都学习民歌、地方戏曲、评弹，熟悉个中民间音乐，这样，他就可以有丰富的感性知识的积累，他的创作才可以左右逢源，我们音乐创作者创作很贫乏，就是缺乏对自己民族音乐的感性知识积累。

如今，评弹界学唱已经达到了无人不学"丽调"的景况，由徐丽仙录像演唱的《情探》《新木兰辞》等珍贵资料，之所以能够在当今的课堂教学中呈现，这与当年贺绿汀对评弹艺术的重视与大力扶持有极大的关系。

两年后，徐丽仙因病离世，为了纪念徐丽仙，贺绿汀提议文化艺术界为徐丽仙雕像，以纪念她一生致力于评弹艺术，特别是对弹词唱腔的研究与弹词音乐发展做出的重要贡献，并亲笔为雕像题词"评弹艺术家徐丽仙"。这座高2.6米的汉白玉雕像于1996

年在徐丽仙家乡苏州枫桥落成。1994年，在徐丽仙逝世10周年之际，上海音乐学院再次举行了隆重的纪念活动，并放映了徐丽仙生前最后抢录下来的珍贵录像资料，年逾九旬的贺绿汀再次为纪念会题词：

> 仿佛昨天似的事情，但已经十年过去了。对这位中华民族音乐的创造者徐丽仙女士，后代人不但要永远纪念她，而且要继承她丰富的遗产。

贺绿汀曾说：

> 记录整理民间音乐固然是为了学习和继承，但学习和继承的目的又是为了发展和革新。我们的创作既要认真向民间音乐学习，又要赋予民族音调以新的内容，使自己的作品既有民族特点，又有时代特点。

20世纪80年代以来，上海音乐学院"民间音乐抢救小组"在贺绿汀的亲自指导与布局筹划下形成了一股"合力"，在深入民间音乐的新的时代语境之中，完成了一次民间音乐遗产保护的系统性工程建设任务，完成了一个时代对另一个时代声音记忆永远的纪念！

尾声

当然，今天年轻一代很可能已经不大知道贺绿汀当年所经历、所做过的一切。但他留下来的音乐作品《牧童短笛》《四季歌》《天涯歌女》《嘉陵江上》《晚会》《森吉德玛》等等，串联成了中国民族音乐从微弱的发声到在世界舞台上绽放的历程。它们真实地记录在成百上千的唱片、电影、音乐会与人们对 20 世纪歌声的记忆之中，永远流传。他留下来的"向民间音乐学习"的思想，已成为当今中国民族音乐理论、创作、表演与教学体系建设不可分割的重要内容。贺绿汀在艺术音乐殿堂与民间音乐大地之间架起了一座勾连古今、贯通中西的桥梁，培养出了一代又一代的民族声乐演唱、民族器乐演奏、民族音乐理论研究与民族音乐创作的大家，成为世界认识中国和中国音乐的重要窗口。如今，上音校园里那些美丽的建筑似乎总能唤起大家对过往时代的回忆，琴房里飘然而至的《牧童短笛》，仿佛又使人看到了贺绿汀当年走出大山来到大上海求学的身影。每当从汾阳路 20 号和东平路附中的两座贺绿汀雕塑前走过时，我们总能想到、看到、听到、感受到"贺绿汀精神"依旧在守护着上音，守护着我们……

参考书目

◎ 《贺绿汀全集》编委会编《贺绿汀全集》（1—6卷），上海音乐出版社，1999年。

◎ 邓姝：《贺绿汀民间音乐思想研究》，上海音乐学院博士学位论文，指导老师：郭树荟教授，2020年。

◎ 姜瑞芝主编《论贺绿汀》，上海音乐出版社，1995年。

◎ 贺元元、贺逸秋编选《永远的怀念》，上海音乐出版社，2000年。

◎ 王梅初主编《音乐大师贺绿汀》，岳麓书社，1998年。

◎ 常受宗主编《上海音乐学院大事记·名人录》，内部发行，1997年。

◎ 桑广敏主编《音乐家的摇篮：上海音乐学院附中建校50周年》，上海音乐学院出版社，2003年。

◎ 丁善德主编《上海音乐学院简史》，上海音乐学院出版，1987年。

◎ 董团、梁茂春：《贺绿汀采访录》（一）（二）（三），《福建艺术》，2014年第5期至2015年第1期连载。

◎ 桑桐、陈铭志、叶思敏：《解放前上海音乐学院理论作曲专业的历史回顾》，《音乐艺术》，2007年第3期。

◎ 郭树荟：《唤起大地之歌 —— 江明惇先生学术研究侧记》，《人民音乐》，2022年第10期。